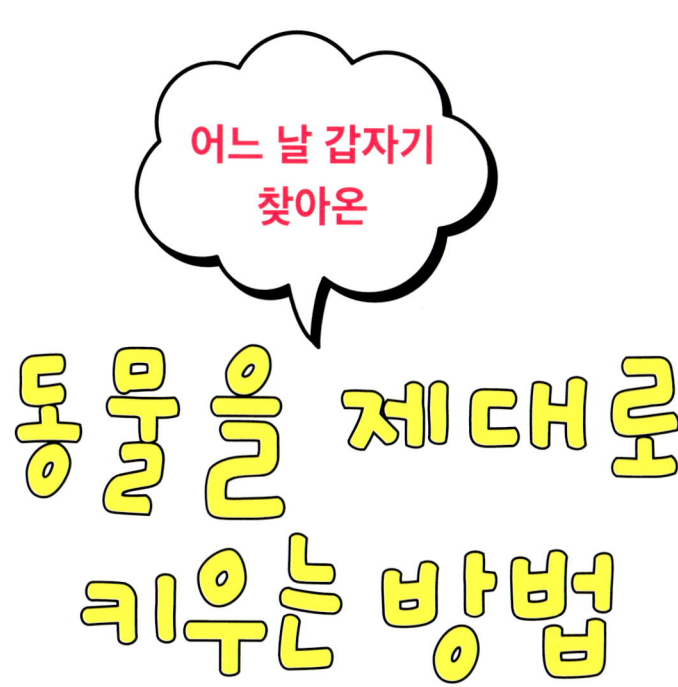

동물을 제대로 키우는 방법

어느 날 갑자기 찾아온

마츠하시 도모미츠 지음
조신일 이학박사(서울대공원 전문경력관) 감수
허영은 옮김

추천의 글

나의 어린 시절은 늘 동물과 함께했어요. 집에는 병아리, 오리 새끼, 강아지 등과 같은 작고 어린 동물로 가득했지요. 또 방학이면 친구들과 놀이며 들판이며 냇가며, 심지어 잡목으로 우거진 산등성이로 이름 모를 동물들을 찾아다녔어요. 그때 잡았던 풀벌레, 사슴벌레, 개구리, 어린 새들을 데려와 키우기도 했는데 요령을 몰라 매일 소동이 반복되었어요.

한번은 노랑 병아리를 키운 적이 있었는데, 안전하게 잘 자랄 수 있도록 라면 박스로 사육 상자를 만들어 주었어요. 깨끗한 바닥을 만들기 위해 신문지를 깔고, 작은 그릇에 먹을 물과 모이를 넣고, 벽에는 공기가 잘 통하도록 여러 개의 작은 구멍을 뚫어 주었지요. 윗면에는 모기장과 고무줄을 이용해 뚜껑을 만들어 주었고요. 그리고 마지막으로 체온을 유지할 수 있도록 백열전구로 상자 안의 온도를 높여 주었어요. 나름 병아리를 잘 키워 보겠다고 여러 번 고민하고 생각하여 만든, 정성이 깃든 사육 상자였지요. 나의 첫 사육 상자에서 살던 병아리는 하루가 다르게 쑥쑥 자라 어른 닭이 되어 알을 낳기도 했어요.

동물원에서 야생 동물과 함께하는 삶을 살아가며 그 시절을 되돌아보니 좋아하는 동물을 집에서 키우는 것은 그리 쉬운 일이 아니었어요. 물론 지금은 더 어려운 환경이 되었지요. 하지만 《동물을 제대로 키우는 방법》을 만난다면 어떤 상황에서도 동물과 함께할 수 있는 방법이 있다는 걸 알게 될 거예요. 재미있고 친절하게 다양한 동물 키우는 방법을 알려 주는 이 책은 동물을 키우고 싶은 어린이들에게 소중한 길잡이가 될 거예요.

서울대공원 전문경력관 **조신일**

들어가며

동물들은 갑자기 나타날 때가 많아요. 그런 깜짝 만남의 기회는 다시 찾아오지 않을지도 모르고요. 만약 여러분의 눈앞에 오랫동안 머릿속에 그려 왔던 바로 '그 동물'이 나타나면 어떻게 할 건가요? '오늘은 잡아도 보관할 도구가 없으니까'라며 포기할 건가요? 반려동물 전문점에서 '좋아하는 동물'을 발견했는데 '동물을 키울 여유가 없으니까'라며 포기할 건가요? 친구가 기르던 '사랑스러운 동물'이 새끼를 낳아서 얻을 기회가 왔는데 '부모님이 싫어하시니까'라는 이유로 포기할 건가요? '좋아하는 동물'을 선물 받았는데도 '키우고 싶다는 말을 입 밖에 꺼내지 못해서' 포기할 건가요?

마음속에 담아 두었던 동물과 만나도 이런저런 핑계를 대면서 키우기를 포기하면 동물과 함께하는 멋진 시간은 평생 찾아오지 않을 거예요.

인생에서 가장 중요한 것은 기회를 놓치지 않는 것이에요. 성공한 사람들은 대부분 기회를 그냥 보내지 않았어요. 맞아요! 기회를 꽉 쥐고 실현해 내는 힘이야말로 성공의 열쇠라고 할 수 있지요.

동물 키우기에 성공하기 위해서는 어떻게 해야 할까요? 바로 '용기', '결단력', '끈기'와 함께 '실행력'이 필요하답니다!

동물 사진작가 **마츠하시 도모미츠**

이 책의 사용법

이 책은 우연히 만난 동물을 제대로 키우는 방법에 대해 다루고 있어요. 특정한 동물의 사육 방법을 자세히 파헤친 책도 아니고, 모든 동물에 대한 대응 방법을 적은 책도 아니에요. 어떤 동물과의 만남이든 소중하게 생각하길 바라는 마음과 그 동물을 직접 키울 수도 있다는 사실을 알려 주는 책이에요.

하나. 1   절대 동물을 키우지 않을 생각이라면

먼저 이 책을 처음부터 끝까지 꼼꼼하게 읽으세요. 책을 읽어도 동물 키우기에 흥미가 생기지 않으면 억지로 동물을 키울 필요는 없답니다. 그래도 언제든지 펼쳐 볼 수 있도록 가까운 곳에 이 책을 두고, 가끔 읽어 보길 바랄게요. 언젠가 관심이 생겼을 때 분명히 도움이 될 거예요. 읽고 나서 동물을 키워 보고 싶은 마음이 생겼다면 평소에도 그 마음을 잊지 말고 지내세요. 우연히 '키우고 싶은 동물'과 만났을 때 책을 다시 읽고 키우기에 도전하면 되니까요. 여러분의 마음에 싹튼 의욕이 아무리 작다고 하더라도 언제나 응원할게요!

둘. 2 예전에 키워 봤지만 지금은 싫다면

마찬가지로 이 책을 처음부터 끝까지 집중해서 읽어 보세요. 혹시 키워 보고 싶은 동물을 발견했다면 적극적으로 실천에 옮겨 보면 어떨까요? 잊고 지내던 사육 감각을 되살려 보는 거예요. 이 책에 등장하는 동물은 물론, 등장하지 않는 동물도 예전의 경험과 감각을 통해 잘 키울 수 있을 거예요. 다양한 종류의 동물을 키우는 가족이 많아지면 좋겠어요.

셋. 3 여러 동물을 키워 봤던 사람이라면

다양한 동물을 키워 봤더라도 이 책을 자세히 읽어 보길 바랄게요. 책장을 넘기면서 공감되는 부분과 공감되지 않는 부분을 살펴보고, 자신의 사육 기술을 되돌아보는 기회로 삼으면 좋겠어요.

- 2 들어가며
- 4 이 책의 사용법
- 10 여러 가지 도구들

1 동물 사진작가는 이렇게 키워요!
교과서에 등장하는 우리 주변의 동물

송사리	14
호랑나비	16
풀무치	20
여치	22
사마귀	24
학배기(잠자리 애벌레)	26
장구애비·물방개	30
다섯줄도마뱀	32
구렁이	36
달팽이	38
공벌레	40
두꺼비	42
청개구리	44
올챙이	46

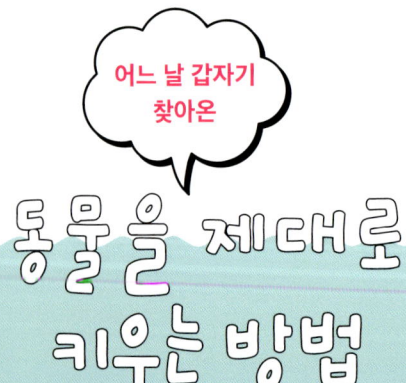

어느 날 갑자기 찾아온

동물을 제대로 키우는 방법

파충류 전문점을 운영하는 전문가는 이렇게 키워요!

2 어머! 이런 동물도 키울 수 있나요?

전갈	50
타란툴라	52
목도리도마뱀	54
카멜레온	56
육지거북	60
레오파드게코	62
아르헨티나뿔개구리	64
우파루파	66
흰올빼미	68

3 어느 날 갑자기 찾아온 동물

도바 수족관의 사육사 트리오는 이렇게 키워요!

닭새우	72
모시조개	78
전갱이·소라	80
바닷물 수조를 관리할 때 주의해야 할 점	81
문어	82
불가사리	84
말미잘	86
해파리	88
갯민숭달팽이	92
만두게	94
수족관에서 발견한 특이한 게 컬렉션	96
클리오네	98

애완동물 전문점을 운영하는 전문가는 이렇게 키워요!

친구에게 분양받은 동물

햄스터	102
기니피그	104
데구	106
고슴도치	108
금붕어	110
미국가재	112
물맞이게	113
남생이	114
사슴벌레·장수풍뎅이	116
사랑앵무	118
메추리 알	120
메추라기 병아리	122
마치며	124
동물 사육 용품을 살 수 있는 곳	127

여러 가지 도구들

어떤 동물을 키울지에 따라 필요한 도구가 달라져요. 애완동물 전문점이나 전문 사육사들은 어떤 도구를 사용할까요? 지금부터 주요한 몇 가지 도구를 소개할게요.

플라스틱 상자
크기나 깊이별로 종류가 다양하고, 어떤 동물이든 키울 수 있는 만능 사육 상자예요.

다용도 상자
생활용품을 정리해 두는 다용도 상자는 키우려는 동물의 몸집이 커서 일반 플라스틱 상자로는 감당이 안 될 때 사용하면 편리해요. 대신 바비큐 그릴 망 등을 뚜껑으로 덮어 줘야 해요.

사육 상자
파충류용, 토끼용, 햄스터용, 앵무새용 등 동물마다 다양한 사육 상자가 있어요. 키우고자 하는 동물에게 알맞은 것을 골라 주세요.

수조·세트
수조와 여과기, 석회 성분을 제거하는 염소 소독제, 먹이 등 동물을 키우는 데 필요한 것이 모두 포함된 세트도 있어요. 이런 세트를 구매하면 동물 키우기가 한결 편해지겠지요. 열대어용 세트에는 물 온도를 조절할 수 있는 히터까지 들어 있어요. 다양한 상품 중에서 동물에 맞는 것을 선택하면 돼요.

보온 전구
빨간색이나 검은색 세라믹으로 만든 제품 등 종류가 다양해요. 온도를 관리하는 도구 중 하나로 자동 온도 조절기와 연결해서 사용해요.

자동 온도 조절기
히터에 연결해서 온도를 조절하는 도구예요.

패널 히터
사육 상자의 바닥에 깔아 사용하는 보온 도구예요.

온도계
수조에 부착해서 온도를 측정할 때 사용해요.

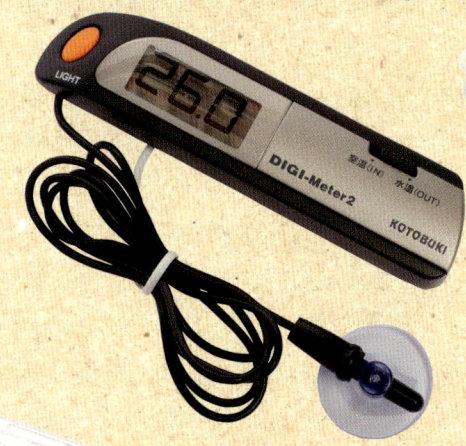

냉각팬
수조 안의 온도가 너무 높을 때 천정이나 옆에 부착해 작동시키면 온도를 조금 내릴 수 있어요.

외부 걸이형 여과기
수조 바깥쪽에 걸쳐 놓는 방식이기 때문에 안쪽 공간을 넓게 사용할 수 있을 뿐만 아니라, 여과 면적도 넓다는 것이 장점이에요.

단지 여과기
수조 안에 넣어 간단히 사용할 수 있는 여과기예요. 에어 펌프에 연결해서 사용해요.

은신처
동물이 몸을 숨기는 쉼터예요. 다양한 형태의 제품이 판매되고 있으니, 취향에 맞게 혹은 사육하는 동물에 따라 알맞은 것을 골라서 사용하세요.

바닥재
바닥에 깔아 주는 재료예요. 사육하는 동물에 맞추어 고르면 돼요.

휴대용 냉장고
클리오네처럼 냉장고 안에서 키우는 동물인 경우에 사용해요. 이런 방법이라면 가족들도 키우는 것을 반대하지 않겠지요.

전용 사료
동물마다 전용 사료가 있어요.

동물 사진작가는 이렇게 키워요!

교과서에 등장하는 우리 주변의 동물

Profile
마츠하시 도모미츠

수족관에서 사육사로 일하다가 동물 사진작가가 되었어요. 물가에 사는 동물이나 수족관과 동물원에 사는 동물, 특이한 애완동물을 촬영하면서 어린이책 작가로도 활동하고 있답니다.

여러분이 공부하는 교과서에는 다양한 동물이 등장하지요. 수업 시간에 여러 동물을 사육하며 관찰한 적도 있을 거예요. 아마도 길에서 동물과 마주친 적도 있겠지만, 요즘 초등학생 친구들 중에는 눈앞에 나타난 동물을 데려다 직접 키워 보는 어린이가 별로 없는 것 같아요.

아무리 학교에서 동물에 대해 자세하게 배워도 스스로 경험하지 않으면 금방 기억에서 사라지고 말아요. 자기 힘으로 동물을 키워 보고 나서야 비로소 깨닫고 배우게 되는 법이지요.

동물에게 먹이를 주는 기쁨이나 죽었을 때의 슬픔처럼 생명을 통해 얻은 경험이야말로, 자연과 생명의 진정한 의미를 깨닫는 소중한 계기가 되지 않을까요?

동물을 키우려면 감당하고 뛰어넘어야 하는 여러 가지 일들이 있어요. 그럴 때 이 책이 좋은 길잡이가 되어 줄 거예요. 이 책을 읽고 자신감을 얻어서 선생님이 "교실에서 키우던 송사리 새끼를 집에 가져가서 키울 사람 있나요?", "다음 수업 시간에 호랑나비를 관찰할 거예요. 채집해 올 수 있는 사람?" 하고 물어보셨을 때, 손을 번쩍 들고 활약하는 어린이가 되면 좋겠어요.

교과서에 등장하는 우리 주변의 동물

송사리

손쉽게 키울 수 있어요!

초보자에게 안성맞춤!

어릴 적 학교에서 송사리를 사육하며 관찰한 적이 있어요. 동물을 좋아하는 아이들이 활약하는 시간이었지요. 다행히 우리 반 송사리는 건강하게 알까지 낳아서 관찰 일지도 잘 쓸 수 있었어요! 멋지게 발표까지 했으니 송사리 키우기 수업은 대성공이었지요.

하지만 사실 나는 다른 아이들에게 주눅이 들어서 하나도 신나지 않았어요. 혼자서 아무것도 하지 못하고 친구들의 흉내만 냈을 뿐이었거든요……

나는 아쉬운 마음으로 그때보다 더 어렸을 적에 시골 할머니 댁에 놀러가, 작은 개울에서 손으로 송사리를 잡았던 추억을 곱씹었어요. 그런데 그 순간 "새끼 송사리를 키워 보고 싶은 사람은 집에 가져가도 좋아요. 가져가고 싶은 사람?"이라고 묻는 선생님의 목소리가 들렸어요.

그 순간 나도 모르게 반응해서 손을 번쩍 들고 말았어요. 깜짝 놀라서 바로 손을 내렸지만 이미 반 친구들의 시선은 모두 나를 향하고 있었지요.

튀는 행동은 절대 하지 않던 소심한 내가 가장 먼저 손을 들자, 친구들이 적극적으로 응원해 주는 상황이 벌어졌어요. 덕분에 나는 새끼 송사리를 집에 가져갈 수 있게 되었지요! 엄마가 놀라실 모습을 생각하니 조금 걱정이 되었지만 무척 기뻤답니다!

> 송사리는 무리를 지어서 헤엄쳐요.

> 송사리의 눈은 위쪽에 붙어 있어요. 이러한 특징 때문에 일본에서는 '메다카'라는 이름으로 부른대요!

DATA

몸길이 4cm 정도
특징 송사리는 다양하게 개량되면서 아름다운 빛깔을 뽐내고 있어요. 지금은 여러 송류의 송사리가 있어요.

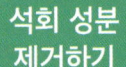

석회 성분 제거하기

수돗물에는 살균용 염소가 들어 있어서 그 상태로는 물고기가 살 수 없어요. 염소 성분을 중화시켜야 해요. 급할 때는 석회 성분 제거용 약품을 구입해서 사용하면 좋아요. 물갈이 시간이 여유로울 때는 양동이에 물을 받아 하루 정도 방치해 두세요. 그러면 염소 성분이 날아가 어항에 넣을 수 있는 상태가 된답니다.

How to keep

에어 펌프에 연결해서 사용하는 단지 여과기

쓸모가 많은 수초!
수초를 어항에 넣어 주면 수질을 안정시킬 뿐만 아니라, 송사리가 숨바꼭질하는 놀이터가 되기도 해요.

자갈은 장식품이 아니라는 사실!
자갈은 없어도 상관없지만 바닥에 깔면 송사리가 안심할 수 있는 분위기를 연출할 수 있답니다.

먹이는 바로 이것!
송사리의 작은 입은 위를 향하고 있어요. 큰 먹이를 주면 다 먹지 못하고 남기거나 흐트러져 버리기 쉬우니, 송사리 전용 사료를 주는 것이 좋아요.

눈이 커서 귀여워요!

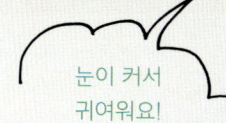 키우는 방법

물갈이는 절반씩

플라스틱 상자와 단지 여과기, 그리고 에어 펌프가 필요해요.
플라스틱 상자에 석회 성분을 제거한 물을 붓고 에어 펌프와 연결된 단지 여과기를 넣은 다음 얼마간 물이 흐르기를 기다려요. 여기까지만 해도 충분히 송사리를 키울 수 있지만 자갈이나 유목, 수초까지 넣어 주면 송사리가 안정감을 느끼는 더 좋은 환경이 된답니다. 송사리가 들어 있는 비닐봉지는 우선 그 상태 그대로 물 위에 띄워요. 비닐봉지 안과 수조의 물 온도가 비슷해지면 봉지의 입구를 열어 송사리가 수조로 옮겨 갈 수 있게 해 주세요.
여과기가 작동되고 있다면 물을 자주 바꿔 줄 필요가 없지만, 한 달에 한 번 절반 정도 물갈이를 해 주세요. 물갈이와 별도로 여과기는 더러워질 때마다 청소해 주세요.

> 교과서에 등장하는
> 우리 주변의 동물

호랑나비

탄생의 순간을
놓치지
마세요!

호 랑나비 애벌레를 사육하며 관찰하는 수업이 있었어요. 평소에 동물을 무척 좋아하던 내게 친구들의 시선이 집중되었어요. 내색하지는 않았지만 사실 호랑나비 애벌레를 본 적이 없어서 자신이 없었어요. 나비가 집 근처 밭을 날아다니는 것만 자주 봤기 때문이에요. 그래도 일단 직접 찾아보기로 했지요.

밭에 계신 아저씨께 "이 근처에서 호랑나비 애벌레 보신 적 있으세요?" 하고 여쭤 보았어요. 그러자 아저씨가 "우리 집 초피나무에 잔뜩 매달려서 잎을 죄다 갉아 먹었길래 어제 약을 쳤단다. 이제 없을 거야."라는 절망적인 이야기를 하시지 않겠어요? 충격으로 멍하니 서 있는 내게 "귤나무나 초피나무에 알을 낳으니, 엄마에게 귤나무 묘목이라도 사 달라고 부탁해 보렴. 아마 금방 알을 낳으러 올 거야."라고 위로를 해 주셨어요.

처음에는 아저씨의 말을 의심했지만, 집에 돌아와 책을 읽어 보니 사실인 것 같았어요. 바로 엄마에게 달려가 수업 준비물이라고 한참 동안 조르며 설명한 끝에 결국 귤나무 묘목을 사도 좋다는 허락을 얻었지요!

> 주둥이를 길게 뻗어서 꿀을 빨아 먹어요.

> 날개에 붙어 있는 비늘가루(인분)가 물을 튕겨 내기 때문에, 큰 비가 아니라면 빗속에서도 날 수 있어요.

DATA

몸길이 다 자란 나비가 날개를 활짝 펴면 10cm 정도 돼요.
특징 나미호랑나비는 3월 말부터 11월에 걸쳐 2~3회 발생해요.

알 낳는 포즈는?

호랑나비가 날아올 것 같은 장소에 귤나무나 초피나무의 묘목을 두고 창문 너머로 관찰해 보세요. 호랑나비가 찾아와 엉덩이를 나무에 바싹 붙인 자세로 날고 있다면, 그때가 바로 알을 낳는 순간이에요.

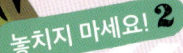
너무 작은 알!

호랑나비가 낳은 알을 곧바로 실내의 창가로 옮겨 와야 해요. 너무 많은 알이 나무에 붙어 있으면 알에서 깨어난 애벌레들이 눈 깜짝할 새에 잎을 모조리 먹어 치워서 새로운 묘목을 사야 할지도 모르거든요.

첫 모습은 새똥과 비슷한 색깔

지금부터는 애벌레가 잎을 먹고 자라기를 기다립니다.

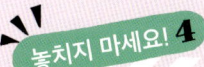
화가 나면 고약한 냄새가 나는 뿔을 꺼내요!

애벌레가 자라면 초록색으로 변해요. 이 단계를 애벌레의 마지막 단계인 '종령 애벌레'라고 불러요. 종령 애벌레는 그동안 지내던 나무에서 벗어나 다른 장소로 이동해 번데기가 되는 경우도 많으니 주의해서 관찰해야 해요.

🔍 가까이서 살펴보면 귀여워요!

> 교과서에 등장하는
> 우리 주변의 동물

풀무치

다 자라면 7cm나 돼요!

🚩 **키우는 방법**

플라스틱 상자는 커다란 것으로

커다란 플라스틱 상자에 화단에서 구할 수 있는 검은 흙을 깔아요. 풀무치 암컷은 배 끝에 있는 산란관과 꼬리털로 흙을 파고 배 끝을 땅 속에 꽂은 채 알을 낳기 때문에 흙을 두껍게 깔아 줘야 해요. 작은 물그릇과 촉촉한 이끼도 넣어 주세요. 풀무치는 볏과 식물을 먹는데, 벼를 유리병에 꽂아 두면 먹이도 되고 은신처도 된답니다.

암컷 등에 올라 있는 수컷은 5cm 정도예요.

수분 섭취용으로 물그릇에 젖은 물이끼를 넣어 주세요.

아래에 있는 암컷은 7cm 정도고요.

DATA

몸길이 5~7cm(날개 끝까지)
특징 수컷보다 암컷이 크고, 여름에 강변 등에서 발견되고는 해요. 비행 능력은 메뚜깃과 곤충 중에서 최고예요.

야외 수업으로 뒷산을 탐험했던 때의 일이에요. 뒷산이라고 불리지만 실제로는 야트막한 언덕 정도였는데, 풀숲이 우거져서 정글의 매력까지 느껴지는 곳이었어요. 사람들의 발길이 뜸해서 어른들이 위험하다고 늘 말씀하셨던 미지의 장소이기도 했지요. 그런 곳에서 야외 수업을 한다니, 신나게 탐험할 수 있는 절호의 찬스였어요!

잔뜩 들뜬 마음으로 곤충 채집망과 플라스틱 상자를 품에 안고 뒷산으로 향했어요. 그런 내 모습을 보고 친구들이 웃으며 놀리기도 했

병에 풀을 꽂아요

병에 물과 함께 풀무치의 먹이인 풀을 꽂아요. 지저분하게 먹었거나 풀이 바싹 마르면 새로운 것으로 갈아 주세요.

How to keep

흙은 두껍게

수조 바닥에 흙을 두껍게 깔고 가끔 분무기로 물을 뿌려요. 항상 적당하게 젖어 있는 상태를 유지하도록 관리해 주세요.

먹이는?
주로 볏과의 풀을 먹어요. 가느다란 잡초를 넣어 두면 잘 먹어요.

방아깨비

암컷 방아깨비는 몸길이가 8cm 이상인 것도 있어요!

지만 나는 정말 진지했어요!

    선생님께 동물 채집을 허락받기는 했지만, 사실 그날 수업의 목적은 야외 생물을 관찰하는 것이었어요. 학교 뒷산에는 무슨 동물이 살고 있는지, 무슨 꽃이 피었는지 등을 스케치하고 메모하며 정리한 내용을 나중에 발표해야 했어요. 하지만 내 정신은 온통 다른 곳에 팔려 있었어요. 엄청나게 커다란 메뚜기를 잡는 일에만 몰두했지요.

    이런 내 마음을 모르는 반 아이들이 시끄럽게 굴어서 너무 속상했어요. 등에 벌레가 붙었다고 꺅꺅 소리를 지르고, 잘 관찰하고 있는지 잔소리를 늘어놓으며 방해를 했거든요.

    메뚜기 잡는 것에만 집중하려고 필기도구도 집에 두고 왔는데 말이에요……

사진과 같은 환경을 갖추었다면 거의 모든 메뚜깃과 곤충을 키울 수 있어요. 다 자란 풀무치는 가을이 되면 죽지만 흙 속의 알은 겨울을 나기 때문에, 어른벌레가 죽은 후에도 종종 흙에 물을 뿌려 주면 봄에 애벌레가 태어날 수도 있어요. 조금 더 쉽게 발견되는 방아깨비도 같은 방법으로 키우면 된답니다.

교과서에 등장하는
우리 주변의 동물

여치

육식
동물이에요!

친구도
잡아먹는
무시무시한
녀석이랍니다.

DATA

몸길이 3.5cm
특징 무심코 긴 다리를 잡으면 '툭' 하고 몸통에서 떨어져요. 그리고 무조건 물면서 공격해 오니 조심해야 해요.

키우는 방법

막무가내로 공격해요! 물리면 아파요!

플라스틱 상자에 방울벌레 사육용 바닥재를 깔고 여기저기 잡초를 꽂아서 머물 곳을 만들어 주세요. 필요한 수분은 오이 등으로 충분히 섭취할 수 있지만, 가끔 상자 안에 물을 뿌려서 습도를 유지해 주면 좋아요. 서로 잡아먹을 수도 있으니 여러 마리를 한꺼번에 넣지 않는 것이 노하우예요.

땅 위에서 폴짝이는 풀무치를 잡으려면 조용히 뒤를 쫓아다니다가 착지할 곳을 가늠한 뒤 채집망을 휘두르면 돼요. 하지만 풀잎 위에 앉아 있는 여치는 잡기가 어려워요. 이 사실을 모르는 친구들이 성큼성큼 가까이 다가가면 여치도 잔뜩 경계를 하지요. 잡기 힘들겠다고 포기한 순간 폴짝 뛰어올라 물지도 몰라요. 여치를 놓칠세라 다급하게 맨손으로 잡았다가는 으악, 물리고 말 거예요! 여치에게 물리면 눈물이 찔끔 날 만큼 아프답니다. 하지만 집으로 가져가 키우겠다는 집념이 있다면 그깟 아픔쯤은 참을 수 있을 거예요!

어렸을 적에 여치와 풀무치, 이름을 알 수 없는 작은 메뚜기를 잡은 적이 있어요. 내 방에서 키울 생각에 콧노래를 부르며 집에 돌아왔지요. 그런데 집에 도착해서 플라스틱 상자 안을 살펴보니, 아이쿠! 여치가 글쎄 작은 메뚜기를 잡아먹고 있는 게 아니겠어요! 여치가 육식 동물이라는 사실은 까맣게 몰랐어요……. 미안하다, 작은 메뚜기야.

점프력이 좋아서 잡기 어려워요.

풀잎 위에 자주 앉는데, 발끝에 빨판이 있는 것처럼 딱 붙어 있어요.

How to keep

흙은?
검은 흙과 곤충 사육용 매트를 섞어서 사용해요.

먹이는?
여치는 육식 경향이 강한 잡식성 곤충이므로 작은 접시에 말린 정어리나 잔멸치 같은 것을 넣어 주세요. 오이 등 수분이 많은 채소는 꼬치에 꿰어서 흙에 꽂아 주세요.

수분은 이것으로 충분
여치가 먹을 오이를 꽂아 주세요.

말린 정어리나 잔물고기를 접시에 올려 주세요.

여치의 친척뻘인 동방중베짱이나 베짱이도 육식 경향이 강한 곤충이므로 상자에는 한 마리씩 넣어야 해요. 절대 잊지 마세요!

집에 가져갈 때는 한 마리씩!

큰턱은 크지 않지만, 물리면 상당히 아파요.

23

교과서에 등장하는 우리 주변의 동물

사마귀

낫처럼 생긴 앞다리를 휘두르며 위협해요.

DATA

몸길이 8cm 정도
특징 여름이 끝날 무렵 훌륭한 어른벌레로 자란 사마귀는 천하무적이에요. 연가시에게는 약해요.

시력도 좋아서 상대방의 움직임에 즉시 대응하고 날쌔게 움직여요.

잡는 방법

좁다란 몸통을 뒤쪽에서 잡아요.

시력이 좋아요!

지금 이쪽을 보고 있어요!

풀 숲의 깡패 사마귀……. 지금까지 몇 번이나 잡으려고 도전했지만 모두 사마귀의 승리로 끝났어요. 운 좋게 사마귀의 공격을 피해 잡은 적도 있었지만, 낫처럼 생긴 앞다리를 마구잡이로 휘두르거나 손을 무는 바람에 놓치고 말았지요.

매번 똑같은 방법으로 졌지만 더 이상 당하고 있지만은 않을 거예요. 이번에는 멋지게 붙잡아서 플라스틱 상자에 넣고 말겠어요. 물론 사마귀가 어디에 있는지도 이미 알고 있어요. 매년 여름이 끝날 무렵이면 집 근처 공원에 커다란 사마귀가 나타나요. 난 작은 사마귀에게는 관심 없어요. 남자답게 커다란 사마귀와 싸워서 이길 거예요.

키우는 방법
땅에 발을 딛지 않는 타입

사마귀는 땅 위로 잘 내려오지 않기 때문에 바닥에 흙 대신 키친타월을 깔아 줘도 돼요. 더러워지면 교체해 주세요. 사마귀가 잡고 올라가거나 몸을 숨길 수 있도록 볏과의 식물을 심은 화분도 넣어 주면 좋겠지요. 수분 보충을 위해서는 작은 접시에 물기를 머금은 키친타월을 넣어 두면 돼요.

먹이는?
가능하면 매일 메뚜기나 나방 등을 잡아서 넣어 주세요. 계절에 따라 잠자리 같은 곤충을 직접 잡아서 먹이로 주는 것도 추천해요.

How to keep

엄마의 도움이 필요해요!
바닥에 키친타월을 깔고 더러워지면 바로 갈아 주세요.

물 마시는 곳
사마귀가 물을 마실 수 있도록 물에 적신 티슈나 물이끼를 접시에 올려 두세요.

풀숲을 떠올리며!
사마귀는 풀잎 사이에 숨는 것을 좋아해서 식물을 배치해 주면 안정감을 느낄 거예요.

> 교과서에 등장하는
> 우리 주변의 동물

학배기

(잠자리 애벌레)

잠자리로
변하는 시간은
오후 8시부터
11시!

🔰 등학생 때 학교 수영장 청소를 한 적이 있었어요. 녹색으로 변해 버린 더러운 물을 빼고, 냄새 나고 지저분해진 풀장을 정리하는 일이었지요. 한참 투덜거리다가 슬슬 청소를 하려고 움직이던 그때, 수영장 바닥에서 학배기를 발견했지 뭐예요! 자세히 보니 꽤 많이 보였어요.

사실은 선배에게 "수영장 청소는 더럽고 싫지만, 동물을 좋아하는 사람에게는 보물섬 같은 곳이야."라는 말을 들은 적이 있어요. 그 이야기를 잘 기억하고 있던 나는 미리 비닐봉지를 준비했지요. 친구 몇 명에게도 발견하면 전부 잡아 달라고 부탁했고요. 나는 청소를 하면서 학배기를 발견할 때마다 솜씨 좋게 잡아서 비닐봉지에 넣었어요.

선생님에게 들키지 않게 조심조심 움직였지만, 선생님은 이미 알고 계셨던 모양이에요. "지금부터 소독할 거야."라며 큰 목소리로 채집을 멈추라고 하셨어요.

교실에 돌아와 서둘러 학배기를 플라스틱 상자에 옮겨 보니, 네 종류의 학배기를 잡았더라고요. 어떤 잠자리로 자랄지 기대되는 마음에 가슴이 두근거렸어요.

밀잠자리 학배기

> 꽁무니로 물을 뿜으며 나아가요.

> 날개가 될 부분이 어떤 모양인지 자세히 관찰해 보세요.

> 곧 날개돋이를 할 것 같아요.

> 날개돋이가 아직 먼 것 같아요.

> 서로 잡아먹을 수 있으니 조심!

DATA

몸길이 2cm 정도
특징 밀잠자리 학배기는 다부진 체형이고, 된장잠자리 학배기는 엉덩이에 가시가 있어요.

26

에어 펌프
물속에 넣는 단지 여과기에 연결해서 사용해요.

먹이는?
학배기를 키우기 시작하는 것은 쉽지만 먹이를 준비하는 일은 조금 귀찮을 수 있어요. 학배기는 장구벌레(모기 애벌레)나 적충(깔따구 애벌레)처럼 물에서 생활하는 작은 수서곤충, 송사리 등을 먹어요. 별로 크지 않은 것을 골라서 먹여야 해요. 근처에 논이나 논과 비슷한 장소가 있으면 직접 먹이를 구할 수 있겠지만 그렇지 않은 경우는 애완동물 전문점을 찾아가 상담해 보세요.

단지 여과기
더러워지면 즉시 청소해 주세요!

머물 수 있는 나무
날개돋이를 할 때 기어 올라가는 곳이에요.

물에서 사는 식물
식물 사이에 숨거나 식물을 붙잡기 때문에 많이 넣어 주면 좋아요.

자기와 몸집이 비슷한 송사리도 잡아먹어요!

물은 수조의 절반 정도까지 넣어 주세요.

How to keep

날개돋이의 신호!!

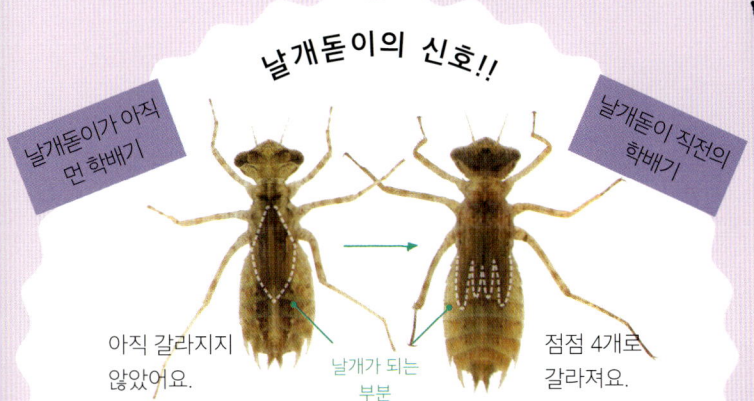

날개돋이가 아직 먼 학배기
아직 갈라지지 않았어요.
날개가 되는 부분

날개돋이 직전의 학배기
점점 4개로 갈라져요.

날개가 되는 부분의 모양이 마름모 형태에서 4개로 갈라져요. 이런 모습이 되면 며칠 내에 날개돋이를 시작하기 때문에 주의해서 살펴보세요. 보통 오후 8시부터 11시쯤이면 수조에 꽂아 둔 나무젓가락을 기어올라 물 밖으로 나오는데, 약한 빛 아래에서 조용히 관찰해 보세요.

키우는 방법
젓가락으로 날개돋이의 장소를 만들어 주세요

플라스틱 상자의 절반을 물로 채우고 단지 여과기를 작동시켜요. 학교 수영장을 청소할 때 잡아 온 학배기는 된장잠자리나 밀잠자리의 애벌레로 보였는데, 마침 날개돋이를 할 시기라 먹이를 주며 돌볼 겨를도 없이 바로 날개돋이를 시작할 것 같았어요. 꽃꽂이할 때 쓰는 침봉에 나무젓가락을 꽂고 물 밖까지 올라오도록 설치해서 학배기가 날개돋이를 할 장소를 만들어 주었어요.

1 저녁 8시부터……

2

학배기의 날개돋이

저녁 무렵부터 나무젓가락을 기어오르는 행동을 보이면, 밤샐 각오로 관찰을 시작해야 해요!

나무젓가락을 기어오르기 시작하는 저녁 8시 정도부터 날개돋이를 시작하는 경우가 많아요.

나무젓가락에 오르고 얼마 후 날개가 등껍질을 찢고 나와요.

3

온몸이 껍질 밖으로 빠져나오면 날개를 펴기 시작해요.

4

날개를 다 펼치면 그다음 순서는 배 부분이에요.

그 밖에도……

희귀한 잠자리!!

장수잠자리 — 몸길이 4cm 정도
눈이 매우 좋으면 발견할 수 있어요!
털이 많고 몸집이 커요!

왕잠자리 — 몸길이 3.5cm 정도
왕잠자리는 쉽게 찾을 수 있어요!
도심에서 발견할 수 있을지도?

교과서에 등장하는 우리 주변의 동물

장구애비 · 물방개

물 밖으로 엉덩이를 내밀고 숨을 쉬어요

장구애비

꽁무니의 긴 관을 물 밖으로 내밀고 호흡해요.

무시무시한 앞다리!?

앞다리로 사냥감을 잡아요.

DATA
몸길이 3.5cm 정도
특징 앞다리로 작은 물고기를 단단히 붙들고 체액을 빨아 먹어요.

줄무늬물방개

꽁무니를 물 밖으로 내밀어 호흡해요.

물을 젓는 노처럼 생긴 뒷다리로 수영을 매우 잘해요!

DATA
몸길이 1.5cm 정도
특징 요즘은 물방개가 희귀한 곤충이 되었지만, 논이나 웅덩이에서 갑자기 발견되는 경우도 있어요.

나는 운이 참 좋았어요. 수영장 청소를 하면서 또 생각지도 못한 곤충을 만났거든요. 수영장에서 학배기 말고 다른 동물도 발견된다는 이야기는 얼핏 들었지만, 장구애비가 있을 거라고는 상상도 못 했어요. 게다가 줄무늬물방개까지 있다니……. 그다음부터는 마음이 설레서 수업에 집중할 수 없었어요.

그 밖에도……

게아재비

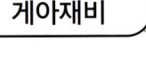

장구애비
키우는 방법

식욕이 왕성한 육식 동물!

플라스틱 상자 바닥에 자갈을 깔고 어느 정도 공간이 남을 만큼만 물을 부어 주세요. 다음으로 단지 여과기를 작동시키고, 물에 사는 식물 중에서 장구애비가 붙잡기 쉬운 것을 골라 간격을 맞추어 나란히 꽂아 주세요. (수생 식물을 구하지 못하면 나무젓가락을 꽂아 줘도 괜찮아요.)

먹이는?
송사리처럼 작은 물고기를 살아 있는 상태로 넣어 주면 알아서 잡아먹어요.

단지 여과기

자갈 사이에 식물을 꽂을 장소를 만들어 주세요.

How to keep

물방개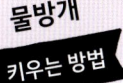
키우는 방법

물고기 조각을 먹어요

플라스틱 상자 바닥에 자갈을 깔고 단지 여과기를 설치해요. 기어오르거나 숨을 수 있도록 유목 같은 것을 넣어 주세요.

먹이는?
물고기 조각이나 관상어용 사료 중에서 마른 새우로 만든 사료를 매일 주세요.

최대한 자연스럽게
유목과 수초를 잡고 기어오르거나 몸을 숨길 수 있는 장소를 만들어 주세요.

How to keep

단지 여과기
에어레이션*은 조금 약하게 해야 해요.
* 물속에 산소를 공급하는 작업

송장헤엄치게

물땡땡이

잔물땡땡이

31

> 교과서에 등장하는
> 우리 주변의 동물

다섯줄도마뱀

움직임이 느려지는 아침에 잡아라!

학교는 집에서 걸어서 10분 정도의 거리에 있었어요. 나는 매일 아침 같은 학교에 다니는 어린 동네 친구 6명을 인솔하며 느긋한 걸음으로 학교에 갔어요. 재잘거리느라 정신없는 1학년 동생들은 귀여웠고, 5학년인 부반장은 믿음직했지요. 등하굣길은 언제나 즐거웠어요. 딱 한 가지만 빼고요.

학교 근처 모퉁이를 돌 때마다 바삭거리는 기척이 느껴졌거든요. 동생들에게 위험한 일이 생기면 안 된다는 생각에 잔뜩 경계하며 지나갔지만, 살펴보면 항상 아무것도 없었어요. 정체를 알 수 없는 적에게 겁을 먹는 아침이 계속되었지요……

그러던 어느 날 불안한 마음이 말끔하게 해결되었어요. 그날은 소풍을 가는 날이라 혼자서 학교에 갔어요. 모퉁이를 돌아서니 귀여운 얼굴의 도마뱀이 양지바른 곳에서 몸이 따뜻해지도록 일광욕을 하고 있는 게 아니겠어요? 평소보다 조금 이른 시간이어서 충분하게 햇볕을 쬐지 못했던 걸까요? 아니면 조용히 다가갔기 때문에 눈치를 채지 못했던 걸까요? 전혀 도망칠 생각이 없어 보였어요! 뒤늦게 사람이 다가온 것을 알아챈 도마뱀이 달아나려는 순간 재빨리 덮쳐서 잡았어요.

소풍을 가는 길이라 손안의 도마뱀을 어떻게 해야 할지 잠시 고민했어요. 하지만 도마뱀을 잡을 기회가 처음이자 마지막일지도 모른다는 생각을 하니 이대로 놓아 줄 수가 없었어요. 가방의 바깥쪽 주머니에 담아 두기로 했지요. 덕분에 하루 종일 도마뱀과 함께하는 멋진 소풍이었어요. 주머니가 눌리지 않도록 조심해야 했지만요.

※도마뱀은 어두운 환경에서 거의 움직이지 않고 잠들기 때문에 주머니에 넣어도 괜찮아요.

DATA

몸길이 20cm 정도
특징 민첩함은 천하제일! 잡을 때는 이른 아침 시간을 노려야 해요.

> 키우는 방법

지저분한 환경이 더 좋아요!

플라스틱 상자에 곤충 사육용 매트나 흙을 깔고 한쪽 구석에 물그릇을 설치한 다음, 장수풍뎅이 사육용 장식 나무 같은 것을 넣어 은신처를 만들어 주세요. 도마뱀은 지저분하게 느껴질 만큼 어질러진 환경을 편안하게 느껴요. 이런 사육 환경이라면 도마뱀은 물론 징지뱀도 키울 수 있어요.

도마뱀은 매일 일광욕을 하기 때문에 반드시 햇빛이 잘 드는 장소를 만들어 주어야 한답니다.

앞발이 사람 손같이 생겨서 귀여워요.

잡을 때는 머리에서 앞다리로 이어지는 관절을 노려요.

잡을 때 꼬리 끊기를 조심하세요!!

도마뱀은 위험을 느끼면 자기 꼬리를 자르고 도망가니 주의!

> 교과서에 등장하는
> 우리 주변의 동물

구렁이

길이가
180cm?!
온몸이 근육!

욕조같이 생겼어요!
구렁이가 푹 잠길 정도로 큰 물그릇

How to keep

DATA
몸길이 180cm 정도
특징 기본적으로 얌전한 뱀이지만, 위기의 순간에는 물기 때문에 방심하면 큰일 나요.

내 아내는 뱀띠라서 그런지 뱀을 굉장히 친근하게 여기는 것 같아요. 장난처럼 뱀을 집에서 키우고 싶다고 이야기한 적도 있는데, 나는 농담이라고 생각하고 웃으며 넘어갔어요.
 그러던 어느 날 근처 공원을 산책하다가 구렁이를 발견했어요. "이런 곳에 뱀이 있었네!"라며 신난 아내는 뱀을 잡으려고 이리저리 쫓아다녔어요. 마침내 뱀을 잡은 아내의 모습은 마치 슬로 모션을 보는 것 같았어요. 붙잡은 뱀을 양손으로 잡고 "이 뱀 집에서 키워도 될까?"라며 웃는 아내를 보니 전에 했던 말은 진심이었나 봐요. 할 수 없이 도망가지 못하게 잘 단속하겠다는 약속을 하고 키우기로 했어요…….

나무를 올려다보니 구렁이가 앉아 있는 상황도 있을 수 있어요……!

**나뭇가지는 허물을
벗을 때 필요해요**

나뭇가지는 움직임을 다양하게
해 주고, 허물을 벗을 때도 꼭 필요해요.

**은신처로는 좁은 곳을
좋아해요**

먹이는?

구렁이는 개구리나 쥐를 먹어요.
논에서 직접 잡은 개구리를 넣어
주거나 애완동물 전문점에서 파는
먹이용 쥐를 일주일에 한 번
주면 돼요.

키우는 방법

깔끔쟁이 구렁이는
탈출의 명수!

뱀을 만지면 매끈하고
반질반질한 느낌이 들어요.
온몸이 근육질이에요.

튼튼한 플라스틱 상자의 바닥에는 키친타월이나 신문지를 깔아 주세요. 그리고 물그릇과 은신처, 허물벗기에 도움이 될 나뭇가지를 넣어 주면 좋아요.

뱀은 탈출의 명수이기 때문에 뚜껑 전체를 밴드로 단단하게 묶어서 도망가지 못하게 해야 해요. 허물을 벗기 전처럼 물에 몸을 담그는 경우가 있기 때문에 물그릇은 온몸이 다 들어갈 수 있도록 넉넉한 크기로 준비하세요. 물그릇 안에 큰일을 보는 경우도 많은데 그런 경우는 바로 치워 줘야 하고, 항상 깨끗한 물이어야 한답니다. 뱀은 깨끗한 것을 좋아하는 동물이니 바닥의 키친타월도 더러워진 것 같으면 바로 새것으로 갈아 주세요. 청소를 할 때는 뱀을 다른 플라스틱 상자에 옮긴 다음에 해야 해요. 대신에 뱀을 옮긴 플라스틱 상자도 밴드로 뚜껑을 고정해야 한다는 것을 잊지 마세요.

밴드!

조심하세요!

똬리를 틀고 있는
모습은 공격하려는
준비 자세예요!

뱀의 탈출을 막기 위해
밴드로 뚜껑을 고정하는
것을 잊지 마세요!

교과서에 등장하는 우리 주변의 동물

달팽이

시력이 좋지 않아요.

의외로!? 달팽이의 껍데기는 부드럽고 작은 충격에도 쉽게 깨지기 때문에 다룰 때 조심해야 해요.

🔍 자세히 살펴보면 역시 좀……(>o<)

달팽이 껍데기는 의외로 부드러워요!

DATA

몸길이 4cm 정도
특징 비 오는 날 자주 볼 수 있고, 맑은 날에는 나뭇잎 뒤편 같은 곳에 숨어 있어요.

비오는 날 드라이브 중이었어요. 파란 신호를 기다리는데, 앞에 선 차에서 달팽이의 흔적을 발견했어요. 아들에게 "저것 좀 봐! 달팽이가 기어간 자국을 그렸네!"라고 말하고 있는데, 자국이 움직이지 않겠어요? 진짜 달팽이가 붙어 있었던 거예요!

나는 달팽이가 차의 속도를 견디지 못하고 도로 위로 떨어져서 뒤에서 달리고 있는 내 차에 밟히는 건 아닐까? 날씨가 맑아지면 햇볕에 타서 죽지는 않을까? 이대로 차 주인이 알지 못한 채로 세차 기계에 들어가면? 등등 앞으로 일어날 수 있는 일들이 머릿속에 떠오르기 시작했어요. 마침 앞차가 건널목 신호등에 멈춰 선 상태였기 때문에, 서둘러 뛰어가 운전자에게 사정을 설명했어요. 그리고 달팽이를 구출해서 데리고 돌아왔지요. 차에 비닐봉지를 항상 가지고 다니는 습관이 도움이 되었어요. 비닐봉지에 달팽이를 넣고 바람을 넣어 풍선처럼 만든 뒤 봉지 입구를 잘 묶어 두고, 다시 출발했어요!

키우는 방법

보기와 다르게 깨끗한 것을 좋아해요!?

달팽이는 습도가 높은 환경을 좋아하는 동물이라 플라스틱 상자에 가볍게 젖어 있는 물이끼를 깔아 주는 게 좋아요. 먹이 그릇으로는 큰 그릇과 작은 그릇을 넣어 주면 돼요. 물이끼는 한 손에 쥐고 꽉 짜낸 살짝 촉촉한 상태가 딱 좋아요. 습도가 높은 만큼 청결에 신경 쓰지 않으면 똥과 먹이에서 곰팡이가 생길 수 있어요. 일주일에 한 번 정도 플라스틱 상자 안의 물건을 모두 꺼내 깨끗하게 물로 씻어 주세요.

교과서에 등장하는 우리 주변의 동물

공벌레

먹이를 구입할 필요가 없어요!

이것은 쥐며느리

이것도 쥐며느리

등이 둥근 것은 공벌레, 등이 평평한 것은 쥐며느리

DATA
몸길이 1cm 정도
특징 콘크리트 위에서 뒤집힌 공벌레는 자기 힘만으로는 원래대로 잘 돌아오지 못해요. 이런 공벌레를 만나면 직극직으로 도와주세요.

우리 아들은 공벌레를 매우 좋아해요. 공벌레를 친구처럼 생각한다고 하는 편이 더 좋을 정도예요. 매일 유치원에서 돌아오는 길에 공벌레를 잔뜩 잡아 와서는 손에 쥐고 놔주지 않는 바람에 한바탕 난리가 벌어져요……. 어떻게든 설득해서 원래 있던 장소에 놓아주고 돌아오는 일이 반복되지요.

어느 날 밤 빨래를 하려고 아들의 바지를 살펴보는데, 주머니에 작은 돌이 가득 차 있는 것이 아니겠어요? "정말 못 말리겠다니까."라며 혼잣말을 중얼거리다 주머니를 뒤집자, 공벌레가 우수수 떨어졌어요.

아파트에는 놓아 줄 장소도 없거니와 가족들은 모두 자고 있고, 이런 깊은 밤중에 혼자서 공벌레를 놓아 주러 외출하기도 싫었어요. 할 수 없이 낮에 마트에서 사 온 딸기 상자에 키친타월을 깔고 공벌레를 넣은 후 랩으로 뚜껑을 덮어 줬지요.

아침이 되었어요. 아들이 딸기 상자에 들어 있는 공벌레를 발견하고 집에서 키워도 되냐며 기뻐했어요! 잔뜩 신이 난 아들에게 공벌레를 키울 수 있도록 플라스틱 상자를 사주기로 약속했어요.

위험을 느끼면 단단하게 몸을 말아요.

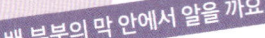
배 부분의 막 안에서 알을 까요.

하얀 것은 공벌레의 애벌레

살짝 흔들면 깜짝 놀라서 몸을 둥글게 말아요.

바닥에 부드러운 흙이나 낙엽이 깔려 있으면, 밟혀도 짜부라지지 않아요!

50마리 정도 태어나요.

잡는 방법

손바닥 위를 굴러다니거나 손가락 끝을 자유롭게 돌아다니게 해 보세요.

키우는 방법

가끔 물을 뿌려 주세요

플라스틱 상자에 부엽토나 곤충 사육용 매트를 깔고 그 위에 낙엽을 두툼하게 덮은 뒤, 썩은 나무를 몇 개 넣어 주면 그 안에 들어가 숨어요.
바싹 마르지 않도록 가끔 분무기로 물을 뿌려서 흙을 적셔 주세요. 공벌레는 젖는 것을 좋아하지 않기 때문에 물을 뿌릴 때 공벌레에게 직접 닿지 않도록 주의해서 뿌려야 해요. 공벌레가 낙엽을 많이 먹으면 줄어든 만큼 더 넣어 주세요. 흙은 정기적으로 갈아 줄 필요는 없지만 채소 등 먹이 때문에 더러워져서 안 좋은 냄새가 나거나 곰팡이가 필 수 있으니 잘 확인해야 해요.

먹이는?
낙엽과 양배추, 당근, 마른 멸치 등을 좋아해요. 금붕어 사료도 먹어요.

How to keep

나무 아래에 있어요
나무를 쌓아 놓으면, 그 밑에 생긴 틈으로 숨어들어요.

낙엽은 먹이
낙엽은 은신처가 되기도 하고 공벌레의 먹이가 되기도 해요.

흙은 약간 촉촉하게 관리해 주세요!

교과서에 등장하는
우리 주변의 동물

두꺼비

공벌레도 먹어요!
점프보다 걷기 전문가

수분 보급소
축축하게 적신 물이끼

How to keep

바닥
곤충 사육용 매트나 흙을 깔고, 건조시켜 주세요.

먹이는?
살아 있는 벌레를 먹어요. 쥐며느리든 공벌레든 지렁이든 모두 잘 먹어요. 대식가이기 때문에 채집만으로 감당이 안 될지도 몰라요. 그때를 대비해서 사료용 귀뚜라미를 팔고 있는 애완동물 전문점을 찾아보도록 해요.

키우는 방법

개구리는 배로 물을 먹는다고?!

뚜껑이 단단하게 고정된 플라스틱 상자에 흙이나 곤충 사육용 매트를 깔고, 물그릇과 온몸이 완전하게 들어갈 수 있는 은신처를 넣어 주세요. 이번에는 나무 그릇을 반으로 잘라 은신처를 만들어 주었는데, 애완동물 전문점에서 파는 일반적인 제품을 사용해도 상관없어요. 두꺼비는 번식기를 제외하면 스스로 헤엄치는 경우가 거의 없어요. 삼림 등에서 사는 동물이니 바닥의 흙이 많이 젖지 않도록 관리해 주어야 한다는 사실을 잊지 마세요.
개구리는 입으로 물을 마시고, 피부로도 수분을 흡수해요. 그래서 물을 가득 넣은 물그릇을 넣어 줄 필요가 없지요. 물그릇에는 젖은 물이끼를 넣어 주세요.

DATA
몸길이 10~15cm
특징 3월부터 4월 번식기나 장마 시기에 자주 만나게 되는 거대한 개구리예요.

복잡한 도시를 벗어나 시골 생활을 시작했어요. 교통이 편리하고 예쁜 집들이 늘어선 교외 주택가로 이사 온 지 곧 1년이 돼요. 이곳은 나름대로 대형 쇼핑몰도 갖춰진 곳이라서 살기 편해요. 아무런 불만 없이 잘 지내고 있답니다.

그러던 어느 비 내리던 밤이었어요. 평소처럼 집에 가는 길을 재촉하며 운전을 하고 있었어요. 집 근처 주택가에 들어선 무렵부터 도로 위에 전에 없던 물체가 보였어요. 집에 다가갈수록 주먹만 한 생물의 숫자는 늘어만 갔어요. 무슨 일이 벌어지고 있는 거지? 우리 집은 괜찮나? 차에서 내려 보니, 엄청 큰 개구리가 아니겠어요.

이사를 온 뒤 한 마리도 본 적 없던 거대한 개구리가 그때는 놀랄 만큼 많은 숫자로 도로를 점령한 상태였어요. 우리 집 마당에도 현관에도 잔뜩 있었지요. 무슨 일이 벌어진 것일까요? 개구리를 피해 겨우 현관에 들어와 서둘러 문을 잠갔어요.

새파랗게 질린 내 얼굴을 보고 아내는 놀랐지요.
"큰일 났어. 밖을 한 번 내다 봐."
"아 저거?" 아내가 손가락으로 가리킨 플라스틱 상자 안에 괴물같이 생긴 개구리가 앉아 있었어요.
"이 근처는 얼마 전까지 논이었는데, 논에 살던 두꺼비가 알을 낳으러 다시 돌아왔대. 아이들이 엄청 좋아하면서 잡으러 다니더니 집에서 키운다고 신났어."
아내에게 두꺼비 사건 이야기를 들으면서 겨우 놀랐던 가슴을 진정시켰어요.

괴물 같은 외모!

큰 입에 어울리지 않게 작은 벌레를 좋아해요.

걷기 전문으로 점프력은 좋지 않아요.

교과서에 등장하는 우리 주변의 동물

청개구리

몸집은 작아도 목소리와 입은 커요!

키우는 방법

메뚜기든 거미든 가리지 않고 많이 먹어요

플라스틱 상자 바닥을 물이끼로 채우고, 물그릇을 넣어 주세요. 개구리가 안심하고 몸을 숨기거나 움직일 수 있도록 물에 강한 작은 관엽식물(수경 재배 식물 등)도 심어요. 바닥에 깔아 놓은 물이끼는 손으로 짜서 습한 느낌이 드는 정도로만 만들고, 물그릇에는 축축하게 젖은 물이끼를 넣어 주세요. 이렇게 하면 개구리가 배를 대고 수분을 보충하기 쉽고 먹이인 귀뚜라미가 물에 젖지 않아서 좋아요.

몸집에 어울리지 않게 커다란 입으로 커다란 먹이를 삼키지요.

발가락 끝의 끈적하고 동글한 빨판을 이용해 어디든지 기어오를 수 있어요.

DATA

몸길이 3cm 정도
특징 낮에도 자주 볼 수 있는 귀여운 청개구리는 태양이 이글거릴 때는 풀잎 위에 몸을 가지런히 모으고, 몸이 마르지 않도록 꼼짝도 하시 않고 앉아 있어요.

먹이는?

메뚜기나 나비, 거미, 파리 등 곤충을 먹어요. 많이 먹기 때문에 매일 줘야 해요. 직접 채집하는 것으로 감당이 안 될 경우에는 애완동물 전문점에서 판매하는 먹이용 귀뚜라미를 넣어 줘도 괜찮아요. 낚시 가게에서 파는 미끼용 지렁이나 작은 새의 사료인 밀웜도 먹는데, 영양을 고려해서 가끔씩 주는 것이 좋아요.

물을 보충하는 곳
물이끼를 축축하게 적셔 두면 배를 대고 수분을 보충해요.

How to keep

은신처나 휴식처가 되어 주는 식물을 넣어 주세요.

손으로 꽉 짜서 촉촉한 느낌만 있는 물이끼를 촘촘하게 깔아 주세요.

두꺼비 사건이 있고 나서 몇 개월이 지난 어느 날 밤에 일어난 일이에요. 그날은 너무나 피곤해서 집에 돌아오자마자 거실 소파에 늘어져 기절한 것처럼 잠이 들었어요.

몇 시간이나 지났을까요?

개굴개굴 개굴개굴 개굴개굴…….

매우 가까운 곳에서 무엇인가 울고 있었어요. 잠이 확 깼어요. 어라? 그런데 깨고 보니 아무 소리도 안 나는 거예요. 꿈을 꿨나?

개굴개굴 개굴개굴 개굴개굴…….

역시 동물의 울음소리였어요. 꿈이 아니었던 거예요. 불을 켜니, 또 울음이 멈췄어요. 두꺼비 상자를 살펴봤지만 두꺼비는 이런 소리로 울지 않아요. 집 안 어딘가에 위험한 생물이 들어온 것일까요? 안절부절 못하며 손전등을 들고 거실 안을 샅샅이 뒤져보는데 문 닫는 소리와 함께 아내가 방에서 나왔어요.

"한밤중에 뭐 하는 거야. 잠이 달아나 버렸잖아."

"아니, 뭔가 우는 소리가 들려서. 엄청 큰 소리라 위험할 것 같아서 찾아보고 있었어."

"아, 저거 아냐?" 하고 손가락으로 가리킨 것은 창문 밖에 놓아 둔 플라스틱 상자였어요.

"어제 저녁에 아이들이 청개구리를 잡았다고 신나서 가져왔어. 두꺼비랑 같이 키우겠다고 고집을 부리더라고."

조그만 청개구리의 울음소리가 그렇게 우렁찬 줄 몰랐어요. 한밤중의 소란은 이렇게 마무리되었답니다.

교과서에 등장하는 우리 주변의 동물

올챙이

키우는 방법

개구리가 된 뒤 물에 빠지지 않도록……

플라스틱 상자에 단지 여과기를 설치해 주세요. 물은 물고기를 키울 때와 마찬가지로 석회 성분을 제거해 줘야 해요. 올챙이에서 개구리로 변할 때 물 밖으로 올라가지 않으면 물에 빠져 죽는 경우도 있기 때문에, 물옥잠 등을 띄워 언제든지 물 위로 올라갈 수 있는 환경을 만들어 주세요.

먹이는?

데친 시금치나 가다랑어포도 잘 먹지만 금붕어용 사료도 추천해요. 바로 주면 물 위에 떠 버리기 때문에 살짝 물에 적셔서 가라앉을 정도로 만든 뒤 넣어 주는 것이 좋아요.

뒷다리가 먼저 나와요!

양쪽 눈 사이가 멀고 동그스름한 이미지의 청개구리 올챙이

물속에서 헤엄치기 위해 꼬리에 지느러미가 달려 있어요.

뒷다리가 나온 다음에 앞다리가 나와요.

파충류 전문점을 운영하는 전문가는 이렇게 키워요!

어머! 이런 동물도 키울 수 있나요?

Profile
야마다 가즈히사

파충류 전문점을 운영하고 있어요. 파충류와 양서류 중에서도 특히 위험한 동물을 잘 다룬답니다. 파충류 전문점의 모든 동물을 전문가답게 잘 보살펴야 한다는 마음으로 일하고 있어요.

파충류 전문점을 운영하다 보면 특이한 동물을 좋아하는 사람을 많이 만나게 돼요. 그래서 파충류뿐만 아니라 평소에 보기 힘든 벌레나 맹금류 등 진기하고 다양한 동물도 다루고 있답니다.

어느 동물이든 키우기는 쉽지 않아요. 전문적인 책의 내용을 충분히 이해하고 실천해도 실패하는 경우가 적지 않지요. 동물들은 저마다 다른 존재이고, 주인도 모두 개성을 갖고 있으니까 당연한 일이에요. 동물을 키우는 방법은 야생 동물인지 인공적으로 번식한 동물인지에 따라서도 차이가 있고, 애완동물 전문점이나 전에 키우던 주인이 어떤 방법으로 그 동물을 키웠는지에 따라서도 다를 거예요. 동물을 키우는 장소가 추운지 더운지에 따라서도 다르고요, 동물의 주인이 꼼꼼한 성격인지 아닌지에 따라서도 다르지요.

지금부터 동물을 처음 키우는 초보자에게 도움이 될 아주 기본적인 내용을 설명해 줄게요. 더욱 자세한 내용이 궁금할 때는 전문가에게 맞춤 상담을 부탁하는 방법이 제일 좋아요. 주인과 동물을 잘 이해하고 둘에게 딱 맞는 사육 방법을 설명해 줄 테니까요. 동물을 위해서라도 혼자서 끙끙대며 고민하지 말고, 가까운 곳의 애완동물 전문점이나 전문 사육사를 찾아가 적극적으로 물어보길 바라요. 전문가 중에는 언뜻 보기에 무서울 것 같고 못미덥게 느껴지는 사람도 있지만, 여러분이 도움을 요청하면 모두 친절하게 대답해 줄 거예요.

망설이지 말고 언제든지 물어보세요.

전갈

어머! 이런 동물도 키울 수 있나요?

다 자라면 7cm나 돼요!

요즘 애완동물 전문점에서는 전갈도 만날 수 있어요. 얼마 전에 전갈이 기분 나쁘게 생겼다는 옆 사람의 이야기에 맞장구를 쳐 준 일이 있긴 하지만, 사실은 예전부터 전갈을 굉장히 키워 보고 싶었답니다. 전갈은 정말 멋지게 생긴 동물인 것 같아요. 여러분은 그렇게 생각하지 않나요?

어렸을 적에 TV에서 전갈을 본 뒤 한눈에 반해 버렸어요. 검은 광택이 도는 몸과 커다란 집게발, 바짝 솟은 독침……. 로봇같이 늠름한 전갈의 매력에 퐁당 빠졌지요.

그리고 최근에 알게 된 사실인데, 애완동물 전문점에서 파는 전갈은 독이 아주 약하다고 하더라고요! 그렇다면 집에서 키울 수 있지 않을까요? 가족들을 어떻게 설득할지가 가장 큰 문제겠지요.

키우는 방법

전갈의 입장에서 생각하기

플라스틱 상자 바닥에 야자 껍질을 깔고, 나무껍질 등 전갈이 파고들 수 있는 것을 넣어 주면 전갈이 안심할 수 있답니다. 전갈이 껍질 사이로 숨어 버리면 조금 아쉽겠지만 먼저 전갈의 입장에서 생각해 주길 바랄게요.

따뜻한 계절에는 이만큼만 준비해도 충분하지만, 추운 계절에는 바닥에 패널 히터를 설치해서 온도를 조절해 주어야 해요. 그때까지 용돈을 조금씩 저축하면 어떨까요?

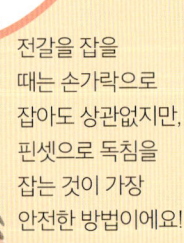

핀셋

꼬리 끝의 독침은 만약을 대비해 조심하는 것이 좋아요.

사실은 손바닥 위에 올려 두어도 안전하답니다.
※강한 독을 가진 전갈은 이 방법으로 다루면 절대 안 돼요.

전갈을 잡을 때는 손가락으로 잡아도 상관없지만, 핀셋으로 독침을 잡는 것이 가장 안전한 방법이에요!

커다란 집게발에 물리면 아프지만 참을 만해요.

DATA
몸길이 6~10cm
특징 세계에서 가장 큰 전갈은 30cm가 넘는 황제전갈이에요.

은신처
나무나 쪼개진 나무 그릇을 넣어 주면 그 아래로 기어들어 가 숨어요.

흙의 종류는?
방울벌레 사육용 흙이나 곤충 사육용 매트를 사용하면 돼요.

먹이는?
살아 있는 곤충(귀뚜라미 등)을 일주일에 한 번 정도 주세요. 먹이로 넣은 곤충을 먹지 않을 때는 바로 꺼내야 해요. 살아 있는 곤충이라 전갈에게 덤벼들어 다치게 할 수도 있어요.

이런 모습을 보면 편견을 갖고 동물을 대하면 안 된다는 생각이 들기도 해요…….

전갈이 새끼를 키우는 모습
전갈은 부화한 새끼가 어느 정도 자랄 때까지 등에 업고 다니면서 보호해요.

등 위의 하얀 동물이 새끼 전갈이에요.

20마리 정도 되는 것 같아요.

며칠간 소중하게 보살펴요.

타란툴라

어머! 이런 동물도 키울 수 있나요?

집 근처에 있는 애완동물 전문점에서 타란툴라를 보았어요. 타란툴라라는 이름이나 겉모습, 먹이를 먹는 방법도 근사하지 않나요? 머리부터 발끝까지 멋진 동물인 것 같아요. 보는 것만으로 가슴이 두근거릴 정도예요.

지난번에는 혼자서 구경하러 갔는데, 타란툴라 앞에서 발을 떼지 못했어요. 하지만 역시 집에서 키우기는 힘들 것 같다는 생각도 했지요. 막상 키우기 시작하면 다양한 종류의 타란툴라를 모두 모으고 싶어질 것 같아서 망설여졌거든요.

은근슬쩍 가족들에게 물어보니 타란툴라보다 전갈을 더 마음에 들어 하는 눈치였어요. 하지만 무조건 타란툴라 편인 나는 "전갈은 왠지 기분 나빠. 이런 동물을 누가 키우겠어."라며 다짜고짜 심술을 부렸어요.

DATA
몸길이 2.5~15cm 정도 (다리를 뻗으면 25cm 정도)
특징 남아메리카에 사는 타란툴라예요. 성격이 온순하고 독성도 강하지 않아요.

의외로 온화한 성격이고 독도 약해요!

손바닥 위에 올리면 의외로 얌전해요.

※타란툴라에게 물리면 부어올라요. 독이 약하다고 해도 알레르기가 있는 사람은 생명이 위험할 수도 있으니, 항상 조심하세요!

털을 공중에 날려 보내요. 피부에 닿으면 가려워하는 사람도 있어요.

커다란 독니가 있으니 조심!

유목은 은신처가 되지요
유목을 넣어 주면 더 활발해지고 다양한 자세로 움직여요. 또 유목이 은신처가 되기도 해요.

바닥이 얕은 물그릇

흙의 종류
흙은 방울벌레 사육용 흙이나 곤충 사육용 매트를 사용해요.

먹이는?
살아 있는 곤충을 채집해서 주거나, 애완동물 전문점에서 파는 먹이용 귀뚜라미를 일주일에 한 번 정도 주면 돼요. 따뜻한 계절에는 많이 먹고 추운 계절에는 적게 먹으니, 상태를 관찰하면서 양을 조절하세요.

How to keep

키우는 방법
뚜껑을 제대로 덮어야 해요!
타란툴라는 활발한 성격이라서 많이 움직이기 때문에 뚜껑을 꽉 닫을 수 있는 사육 상자를 선택해야 해요. 바닥에 야자 껍질 매트를 촘촘히 깔고 물그릇과 놀이터가 되어 줄 유목도 넣어 주세요. 기본적으로는 이만큼만 있어도 충분하지만, 전갈과 마찬가지로 겨울이 되면 패널 히터로 바닥 난방을 해 주는 것이 좋아요.

어머! 이런 동물도 키울 수 있나요?

목도리도마뱀

인기는 사그라들었지만, 여전히 멋진 동물!

한때는 전 국민의 사랑을 듬뿍 받았던 목도리도마뱀이에요. 일본에서는 자동차 광고에 등장하면서 캐릭터까지 유행했던 시절이 있었어요. 하지만 두 다리로 서서 달리기를 너무 많이 시키는 바람에 광고 모델이었던 목도리도마뱀이 죽었다는 소문이 퍼졌어요. 서서히 인기도 사그라들었지요……

내게도 목도리도마뱀은 추억의 동물이에요. 당시에 목도리도마뱀 캐릭터가 그려진 물건을 사용하기도 했어요. 유행이 지나서 아무도 관심 없을 때도 나만 계속 썼을 정도로 마음에 들었어요. 살아 있는 목도리도마뱀을 보는 이벤트에 엄청난 사람이 몰려든 장면도 놓치지 않고 꼬박꼬박 챙겨 보았을 정도로 좋아했어요.

그때는 애완동물로 키우기는커녕 살아 있는 목도리도마뱀을 보기도 힘들었는데, 어른이 된 지금 우연히 들른 애완동물 전문점에서 이렇게 가까이 만나게 되다니 정말 말로 설명하기 힘든 감동이 밀려왔어요! 목도리도마뱀이 나를 보고 목도리를 쫙 펴니 더 신기했어요! 애완동물 전문점에서 팔고 있는 목도리도마뱀은 가격도 비싸지 않아서 집에서 키울 수 있을 것 같아요!

먹이는?

귀뚜라미와 자이언트밀웜을 준비해 주세요. 메뚜기를 직접 잡아 주어도 좋아요. 메뚜기는 황폐한 강변이나 사람 손이 닿지 않은 풀숲에 많아요. 공원이나 논처럼 살충제를 뿌린 곳에서는 먹이용 메뚜기를 잡지 마세요. 목도리도마뱀에게도 살충제의 영향이 나타날지도 모르니까요.

How to keep

자외선등

보온 전구
자동 온도 조절기에 연결해서, 항상 28℃ 정도를 유지하도록 관리해 주세요.

쉼터에도
유목은 목도리도마뱀의 쉼터예요. 햇볕의 따뜻한 기운을 받아서 몸의 온도를 높이는 장소이기도 하지요.

물그릇
물그릇에 담긴 물을 먹는 경우는 드물지만, 그래도 설치해 주어야 해요.

커다란 입속에는 작은 이빨이 촘촘하게 나 있어서 물리면 살갗이 갈기갈기 찢길 위험이 있어요. 조심하는 것이 좋겠지요.

익숙해지면 목도리를 펼치지 않는다고……?!

DATA

몸길이 70~90cm
특징 호주나 뉴기니 섬에 살아요. 사실 애완 목도리도마뱀은 사람과 친해지면 목도리를 펼치지 않아요.

화가 나면 목도리를 활짝 펼쳐요.

키우는 방법

물 마시는 것이 서툴러요! 그래서 매일 물을 먹여 줘야 해요

파충류 사육 상자에 자외선등, 보온 전구, 패널 히터, 물그릇, 쉼터가 될 유목을 설치해 주세요. 이것만으로도 목도리도마뱀을 키울 수 있어요. 주인공인 목도리도마뱀보다 필요한 사육 도구가 더 비싸지만, 준비물을 제대로 갖추지 않으면 오랫동안 키울 수 없어요. 보온 전구는 자동 온도 조절기로 28℃ 정도를 유지하도록 설정해 주세요. 물 마시는 것이 서투르니 꼭 챙겨 먹여 줘야 해요.

> 어머! 이런 동물도 키울 수 있나요?

카멜레온

몸 색깔의 변화를 관찰해 보세요!

친구에게 카멜레온을 키우고 있다는 이야기를 꺼내자, 질문이 쏟아졌어요.

"카멜레온이라면, 내가 알고 있는 그 카멜레온을 말하는 거야?"

"맞아. 아마도 그 카멜레온일 거야."

"카멜레온을 집에서 키우고 있다고?"

"응. 집에서 카멜레온을 애완동물로 키우고 있어."

"왜 하필 카멜레온을 키우기로 했어?"

"귀엽게 생겨서 마음에 들었거든."

"카멜레온은 구하기 힘든 동물 아니야?"

"아니야. 일반적인 애완동물 전문점에서도 팔고 있는걸."

"거짓말 아니야? 진짜로 카멜레온을 아무렇지 않게 팔고 있다고?"

"진짜야."

"믿을 수 없어…… 카멜레온이라면 몸 색깔이 변하고 혓바닥을 날름거리는 신기하게 생긴 동물이잖아."

"그 카멜레온을 내가 집에서 키우고 있다니까."

차근차근 친구의 질문에 대답해 주었지만, 끝까지 친구는 카멜레온을 집에서 애완동물로 키운다는 이야기를 믿지 못하는 것 같았어요.

자세히 살펴보면 귀여운 얼굴!

사방팔방을 볼 수 있는 눈

DATA

몸길이 25cm
특징 카멜레온은 주변 색깔과 몸 색깔을 동화시킨다고 알려져 있지만, 실제로는 몸 색깔이 많이 변하지 않아요.

> 키우는 방법

물은 스포이트로 입 주변에

파충류 전용 사육 상자가 가장 좋지만 가격이 조금 비싸요. 카멜레온은 상자를 열만큼 힘이 센 동물이 아니기 때문에 저렴한 바비큐 그릴 망을 연결해서 직접 만들어 줘도 충분해요. 무럭무럭 자라서 몸집이 커지면 새장에서 키워도 좋아요. 하지만 작은 카멜레온은 새장에서 키우면 틈새로 도망가 버릴 수 있으니, 역시 직접 만든 사육 상자가 가장 좋겠지요!

자외선등과 보온 전구는 실내에서 키우는 경우에 없어서는 안 될 도구예요. 사육 상자 안에는 올라타서 쉬거나 숨을 수 있도록 관엽 식물을 넣어 주세요. 물은 접시에 담아 줘도 마시지 않으니 하루에 몇 차례 관엽 식물에 뿌려 주거나, 스포이트를 사용해 입 주변에 물을 흘려 주세요. 자동으로 물방울이 떨어지는 도구도 있지만 분무기로 뿌려 주거나 스포이트로 직접 주는 방법이 매일 관찰할 수 있어서 좋아요.

직접 만든 사육 상자와 새장의 편리한 점은 그대로 온종일 밖에 내놓고 일광욕을 시켜 줄 수 있다는 점이에요. 카멜레온은 자외선을 충분히 받아야 하거든요. 하지만 지나치게 쨍쨍 내리쬐는 햇볕 아래에서는 몸이 바싹 말라붙으니 발을 쳐서 적당한 그늘을 만들어 주세요.

일광욕을 할 때는 그늘도 필요하니 발을 내려 주는 것을 잊지 마세요.

일광욕을 시켜 줄 때는 발을 내려 주세요!

어머! 이런 동물도 키울 수 있나요?

육지거북

민들레를 좋아해요.
친해지면 함께 산책도 할 수 있지요!

어느 날 육지거북을 사고 싶다는 손님이 찾아왔어요. 다양한 육지거북 중에서 TV 프로그램에서 소개한, 등껍데기 위에 사람이 올라탈 수 있을 정도로 큰 육지거북을 찾고 있었어요. 곰곰이 생각해 보니 어떤 육지거북인지 알 것 같았어요.

"그거 혹시 코끼리거북 아닌가요?" 하고 물어보자 그 손님은 무릎을 탁 치며, "맞아요! 갈라파고스육지거북요!" 하고 외쳤어요. 하지만 우리 가게에 갈라파고스코끼리거북은 없었어요. 갈라파고스코끼리거북과 알다브라코끼리거북은 국제적 멸종 위기종으로 지정되어 있어서 구입할 수 없거든요.

육지거북에 대한 사람들의 인식을 잘 알 것 같았어요. 코끼리거북을 동경하는 마음은 이해가 갔지만, 손님은 어쩔 수 없이 빈손으로 돌아가야만 했어요.

산책도 해요!

먹이는?
피나무과의 채소, 소송채 등의 채소, 육지거북 전용 먹이에 가루 칼슘제를 섞은 것을 먹어요. 칼슘제는 매번 주지 않아도 괜찮아요.

밖에서는 다양한 종류의 풀을 먹어요! 육지거북은 모두 민들레를 좋아해요.

DATA
등딱지 길이 15~100cm
특징 육지거북은 등딱지 길이가 12cm 정도인 작은 종류부터, 설가타거북이나 붉은다리거북처럼 등딱지 길이가 70cm를 넘는 대형 종류까지 다양해요.

키우는 방법

밤에는 실내로 이동!

파충류 전용 상자에 야자 껍질 매트를 깔고 은신처와 물그릇, 그리고 자외선등과 보온 전구, 자동 온도 조절기를 설치하면 애완동물 전문점에서 취급하는 육지거북은 모두 키울 수 있어요.

육지거북은 마당에서 키우면 귀여운 모습을 더 많이 볼 수 있어요. 원예용 칸막이로 사방에 울타리를 두르고, 그늘이 되어 줄 은신처와 물그릇을 설치해 주세요. 육지거북이 물그릇을 뒤집지 않도록 단단하게 고정하는 것을 잊지 말고요. 거북의 체온 유지와 건강을 위해서 일광욕은 필요하지만, 하루 종일 쨍쨍 내리쬐는 햇볕 아래에 오래 있으면 절대 안 돼요. 그래서 너무 더울 때 햇빛을 피할 수 있는 그늘을 반드시 만들어 주어야 해요. 밤이 되면 급격하게 온도가 떨어지거나 고양이에게 습격당할 위험이 있으니, 실내로 이동시켜 줘야만 해요. 해가 지면 다 마른 빨래를 걷어야 하는 것과 같다고 생각하면 좋을 것 같아요.

밖에서 키우면 건강하지요!

은신처와 커다란 물그릇을 설치하기만 하면 되니 간단하지요. 땅을 파고 도망가는 경우가 있으니 눈여겨보세요.

How to keep

자동 온도 조절기
보온 전구에 연결해서 온도를 조절해요.

핫스폿
바위에 스포트라이트를 비춰 온도를 높여 주세요. 육지거북이 더욱 활발하게 움직일 수 있고, 몸을 따뜻하게 만들고 싶을 때 올라갈 수 있게요.

보온 전구
자동 온도 조절기에 연결해서 사육 상자 전체를 따뜻하게 하는 데 사용해요.

온도·습도계
사육하는 환경의 온도는 아침, 낮, 밤으로 반드시 측정해 주세요.

은신처
밤에는 어두운 곳에서 자요.

몇 년이 지나면 등딱지 길이는 40cm가 넘어요. 키우기 전에 신중하게 생각하세요!

> 어머! 이런 동물도 키울 수 있나요?

레오파드게코

다양한 몸 색깔을 뽐내는 인기 급상승 중인 애완동물!

How to keep

은신처 — 낮에는 거의 숨어 있어요.

어떤 연예인의 TV 인터뷰를 통해 레오파드게코의 이름을 처음 들었어요. 레오파드게코라는 동물을 키우고 있다는 내용이었지요. 무슨 동물인지 몰라 고개를 갸우뚱거렸던 기억이 나요. 얼마 전엔 카페에서 느긋하게 시간을 보내고 있었는데, 옆자리의 여자아이들이 레오파드게코가 너무 귀엽다며 이야기꽃을 피우지 않겠어요? 나는 여전히 레오파드게코가 무슨 동물인지 몰라서 점점 더 정체가 궁금해졌지요.

그런데 얼마 뒤 말로만 듣던 레오파드게코와 드디어 만나게 되었어요! 여동생이 레오파드게코를 키우겠다며 집에 데려왔거든요. 그리고…… 나도 레오파드게코를 키우기로 했어요. 너도나도 레오파드게코에 빠져 있으니, 레오파드게코의 시대라고 할 수 있겠네요.

윙크하는 표정?

DATA
몸길이 25~30cm
특징 자연에서 사는 종류보다 애완동물로 인공 번식되는 경우가 더 많을지도 몰라요. 그만큼 레오파드게코는 인기몰이 중인 애완동물이랍니다.

패널 히터
추운 계절의 필수 아이템

키우는 방법
야행성인 레오파드게코는 고독한 늑대 타입!

레오파드게코는 활발한 성격의 동물이 아니라서 여기저기 돌아다니지 않아요. 약간 면적이 넓은 플라스틱 상자를 준비하고 걷기 편하도록 바닥에 우드칩을 촘촘하게 깔아 준 다음, 은신처와 물그릇을 넣어 주세요. 플라스틱 상자 바닥에 패널 히터를 설치하면 레오파드게코를 키울 준비가 어느 정도 마무리되었다고 할 수 있어요. 레오파드게코는 야행성이라서 자외선을 많이 쬘 필요가 없으니 자외선등은 설치하지 않아도 괜찮아요. 서로 싸우지 않게 한 마리씩 키우는 것이 기본이에요.

물그릇
먹이로 넣은 귀뚜라미가 나오지 못할 정도의, 조금 얕은 물그릇을 준비해 주세요.

먹이는?
귀뚜라미나 자이언트 밀웜을 중심으로 주고 가끔 메뚜기 등을 직접 채집해서 먹이로 주어도 좋아요.

레오파드게코는 다양한 무늬와 색으로 화려한 외모를 뽐내요. 취향대로 선택할 수 있어요.

영양 상태가 좋으면 꼬리가 포동포동해지고 두꺼워져요.

가까이에서 바라보니 눈이 참 예뻐요!

> 어머! 이런 동물도 키울 수 있나요?

아르헨티나뿔개구리

개구리 세계의 왕자님! 쥐를 통째로 삼켜요

애 완동물 전문점을 방문해서 구경하다가 작은 수조를 발견했어요. 수조 안에 무엇이 있을지 궁금해서 바짝 얼굴을 들이민 순간, 갑자기 정체를 알 수 없는 존재가 수조 벽에 찰싹 달라붙었어요! 자갈에 숨어 있었던 모양이에요.

예상치 못한 상황에 깜짝 놀란 나는 "우왓!" 하고 큰 소리를 질러 주변 사람들의 시선을 한몸에 받았어요. 나를 창피하게 만든 수조 속 동물은 커다란 입을 벌리고, 혓바닥으로 수조 벽에 딱 붙어 혓바닥을 날름거리면서 나를 바라보고 있었어요. 설마 나를 먹고 싶었던 걸까요?

이 동물의 이름은 '아르헨티나뿔개구리'래요. 애완동물 전문점의 설명문에는 인기 넘버원 '개구리'라고 하는데, 진짜일까요? 나는 지금까지 이런 동물을 키우는 사람을 만난 적이 없는데 말이에요. 내 모습을 멀리서 지켜보던 점원이 싱긋 웃으면서 다가왔어요.

"아르헨티나뿔개구리가 마음에 드시나요? 움직이는 것이라면 무엇이든 먹어 치우는 녀석이에요."

무엇이든 먹어 치운다는 이야기에 몸이 오싹 움츠러들었어요. 겁나는 이야기를 들려준 점원을 마음속으로 원망하며 말없이 수조 근처에서 멀어졌어요.

하지만 집에 돌아온 뒤에도 낮에 본 무서운 개구리가 자꾸만 신경이 쓰였어요. 시간이 지날수록 점점 어떤 동물인지 더욱 궁금해져만 갔어요. 커다란 입을 가진 그 개구리가 말이에요. 아…… 왜 인기 넘버원 개구리였는지 이제 알 것 같아요. 다들 이런 식으로 그 개구리에게 마음을 빼앗겼나 봐요. 그렇지만 나는 다른 사람처럼 쉽게 넘어가지 않겠어요! 절대 키우지 않을 거예요!

> 화가 나면 몸을 크게 부풀려요.

> 움직이는 것이라면 무엇이든 먹는다?!

DATA
몸길이 12~15cm
특징 몸집이 큰 아르헨티나뿔개구리는 쥐와 같은 포유동물을 잡아먹기도 해요.

추위 대책
추운 시기에는 플라스틱 상자 바닥에 패널 히터를 깔아 주세요.

How to keep

먹이는 쥐?
금붕어나 갓 태어난 생쥐를 먹어요. 갓 태어난 생쥐는 사료용으로 냉동 처리하여 애완동물 전문점에서 팔아요. 먹이로 줄 때는 핀셋으로 집어서 입 가까이에 대 주면 한입에 먹어 버려요.

키우는 방법

얕은 물에 넣기만 하면 끝……!

플라스틱 상자에 얕게 물을 채우고, 개구리를 넣기만 하면 돼요. 추운 계절에는 바닥에 패널 히터를 깔아 주세요. 똥을 누면 물을 갈아 주어야 해요. 자갈을 넣으면 자갈 틈 사이에 몸을 반 정도 묻으면서 숨는데, 그 자갈을 먹이 먹을 때 같이 삼켜 버려서 뱃속에 자갈이 가득 찬 상태로 발견되는 경우도 꽤 자주 있어요. 개구리는 스스로 자갈을 배출하지 못하기 때문에 수술을 받아야 해요. 그러니 자갈이 없는 환경에서 키우는 것이 가장 안전하겠지요. 수련을 키우는 그릇에서도 키울 수 있어요.

간단해요…… 수련 그릇에서도 키울 수 있으니까요!

얼굴의 대부분이 입이라고 말할 수 있을 정도로 커다란 입을 갖고 있어요. 큰 입으로 움직이는 것이라면 무엇이든 먹으려고 달려들지요.

65

우파루파

> 어머! 이런 동물도 키울 수 있나요?

단지 여과기
강한 물살은 좋아하지 않아요.

몸 밖으로 날개처럼 튀어나온 아가미 덕분에 인기가 높아졌어요.

DATA
몸길이 20~30cm
특징 우파루파라는 이름은 멕시코도롱뇽의 상품명으로 알려진 경우가 많아요. 사실 우파루파는 멕시코도롱뇽을 교배시켜 사람이 만들어 낸 생명체예요. 식용으로 양식되기도 해요.

이름을 붙여 준 사람은 총리대신!

우파루파는 일본에서 엄청나게 인기를 끌었던 애완동물이에요. 요즘 어린이들도 우파루파를 알고 있는지 궁금하네요. 우파루파의 귀여운 일러스트가 그려진 학용품도 있었는데, 내 여동생의 필통에도 우파루파의 그림이 있었던 것 같아요. 우리 부모님은 다양한 색깔의 우파루파 몇 마리를 키우기도 하셨는데, 잘못된 방법으로 키웠는지 금세 모두 죽어 버리고 말았어요. 당시에 나는 왜 우파루파를 집에서 키우는지 도통 이해가 되지 않았어요.

그런데 얼마 전에 친구가 아들이 학교에서 받아온 우파루파를 키우기 시작했다며 이야기를 꺼냈어요.

"사실 지금 우리 집에서 우파루파를 키우고 있는데 말이야……. 근처 수족관에서 너무 많이 번식하는 바람에 학교에 나누어 주고 관찰 수업을 진행했던 모양이야. 그런데 얼마 전에 여름방학이 시작되었잖아? 그래서 반 아이들 중 몇 명이 집에 데려가서 방학 동안 우파루파를 돌보기로 했다고 하더라고. 우파루파가 죽어도 책임지지 않아도 되고 계속해서 애완동물로 키워도 된다는 조건으로 지원자를 모집한 것 같은데, 우리 아이가 동물을 워낙

How to keep

붕어마름 등의 수초를 물 위에 띄워 주면 우파루파가 안정감을 느껴요.

바닥에 자갈은 깔지 마세요.

키우는 방법

여름은 시원하게 온도를 맞춘 거실에서

큼직한 수조나 플라스틱 상자에 단지 여과기를 넣어요. 바닥에 자갈은 깔지 말고 똥은 바로 스포이트로 제거해 주세요. 몸에 상처가 생기면 물곰팡이병*에 걸리기 쉬워서, 항상 청결하게 관리해 주는 것이 좋거든요. 물 위에 부초나 붕어마름 등의 수초를 띄워 주면 편안함을 느낄지도 몰라요. 우파루파를 안심시키기 위해서라도 해 주면 좋겠지요. 물 온도는 기본적으로 실온 상태로도 괜찮은데, 여름에는 너무 더우니까 에어컨을 틀거나 시원한 거실에 수조를 두는 것을 추천해요. 그게 어려우면 집 안의 가장 시원한 장소에서 키우는 것이 좋아요. 반대로 겨울에는 조금 따뜻한 편이 좋은데, 여름과 마찬가지로 거실에서 키우는 편이 가장 좋을 것 같아요.

* 물곰팡이병: 물고기의 몸이나 알에 솜털 모양의 세균이 기생해서 번식하는 질병이에요.

먹이는
물고기 조각이나 금붕어를 매일 수조에 넣어 보세요. 넣은 먹이는 먹지 않으면 즉시 꺼내 주세요.

새끼 영원*도 우파루파

일본얼룩배영원의 새끼도 겉모습은 우파루파예요! 어릴 때는 물속에서 생활하는데 얼굴 양옆에 하늘거리는 바깥 아가미가 있어요. 어른으로 다 자란 뒤에는 땅 위로 올라와 생활하면서 사진 속의 모습처럼 바깥 아가미가 없어져요.

좋아하잖아. 친구들에게 추천을 받게 되는 바람에 우파루파 담당이 되어 집에 데려왔대. 아들은 우파루파를 집에서 키울 수 있게 되어서 좋아하는 눈치지만, 며칠 뒤에 2주간 하와이로 가족 휴가를 떠나야 하는 상황이야. 그래서 말인데……. 그동안 네가 맡아 주면 안 될까?"

어렵게 말을 이어 가는 친구의 부탁을 거절할 수 없었어요. 결국 내키지 않았지만 어쩔 수 없이 우파루파를 돌봐 주기로 약속했어요.

* 영원(Newt): 도롱뇽과 비슷하게 생긴 영원은 물속에 서식하는 양서류예요. 영원과 도롱뇽은 겉모습으로는 쉽게 구별할 수 없다고 해요.

어머! 이런 동물도 키울 수 있나요?

흰올빼미

혹시
마법 학교에서
탈출했을까요?!

영 화를 보면서 마법사들처럼 나도 흰올빼미를 짝꿍으로 데리고 다니면 좋겠다는 상상을 해 본 적이 있지 않나요? 나는 그동안 동물원에 사는 동물 중에서 실제로 집에서 키울 수 있는 동물은 별로 없다고 믿고 있었어요. 그런데 최근 맹금류 카페 같은 곳이 사람들 사이에서 유행하고 있다고 해요. 그 이야기를 듣고 올빼미도 집에서 키울 수 있겠다고 기대하게 되었어요. 한편으로는 '설마 흰올빼미는 없겠지?'라며 반신반의하는 마음으로 애완동물 전문점을 찾아가 보았는데, 글쎄 흰올빼미가 아주 당연하다는 듯이 새장 속에 앉아 있지 않겠어요……?

몸집은 배구공 정도의 크기예요!

DATA
몸길이 50~60cm
특징 흰올빼미는 무조건 더운 곳을 싫어해요! 여름에는 흰올빼미를 위해 에어컨을 꼭 켜 주세요.

올빼미 친구들

- 원숭이올빼미
- 금눈쇠올빼미
- 아메리카큰소쩍새
- 칡부엉이

🚩 키우는 방법

기본적인 내용만 설명할게요!

맹금류를 키우는 일은 나름대로 각오가 필요해요. 동물을 구입하는 것도 쉽지 않고, 일반적인 새장으로 키울 수도 없지요. 맹금류는 주인과 마음을 나누는 동물이지만, 갖고 싶다는 마음만으로는 키우기 힘든 동물이에요.
그러니 이 책에서는 자세한 내용은 적지 않도록 할게요. 진심으로 맹금류를 키우겠다고 마음을 굳힌 사람은 전문가를 찾아 진지하게 상담을 받고 나서 도전하는 것이 좋아요.

새끼 올빼미를 주우면 어떻게 해야 할까요?

가끔 새끼 올빼미가 나무에서 떨어졌다는 이야기를 들어요. 하지만 기본적으로 새끼 새는 주우면 안 된답니다. 아직 서투른 탓에 둥지에서 떨어졌을 뿐이니까요. 가까운 곳에서 어미 새가 지켜보고 있는 경우도 있고, 사람이 만지는 것만으로 쇼크 상태에 빠지는 경우도 있어요. 하지만 떨어진 새끼 새가 다쳐서 어쩔 수 없이 보호해야 하는 경우에는 반드시 담당 기관에 연락하세요. 어디로 연락해야 할지 모를 때는 가까운 구청에 물어보면 알려 줄 거예요. 이런 경우에는 얼마 동안 보호 사육을 할 수 있어요. 정해진 기간이 지나면 자연으로 돌려보내 주어야 해요. 아직 상처가 아물지 않는 등 자연으로 돌아갈 준비가 되지 않은 경우라면 보호 기간을 늘릴 이유가 필요해요.

한국에서는 특히 올빼미 같은 맹금류는 대부분 천연기념물로 지정이 되어 있기 때문에 구청이나 가까운 기관에 신고를 해야 해요. 길에 떨어진 올빼미 새끼가 귀엽다고 무단으로 키우다가는 무시무시한 일이 벌어질 거예요.

끝까지 책임지고 키워야 해요!

도바 수족관의 사육사 트리오는 이렇게 키워요!

어느 날 갑자기 찾아온 동물

Profile
츠지 하루히토, 모리타키 다케야, 다카무라 나오토

일본 미에 현에 있는 도바 수족관의 사육 연구부에서 일하고 있어요. '특이한 동물 연구소'의 사육 담당으로 동물 키우기에 대해서라면 모르는 것이 없는 동물 척척박사 삼 인방이지요.

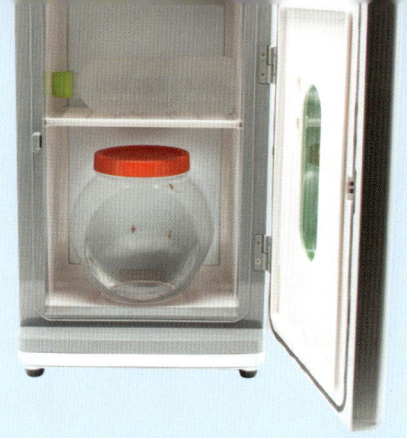

수족관에서는 다양한 동물을 키우고 전시하는데, 그중에는 모든 것이 갖추어져 있는 곳에서도 키우기 어려운 동물이 있답니다.

수족관에서 동물을 사육하는 일이란 단순한 동물 돌보기가 아니에요. 어떻게 하면 동물을 건강하게 오랫동안 키울 수 있을지, 어떻게 하면 조금이라도 많이 번식시켜서 여러분에게 보여 줄 수 있을지 매일같이 연구를 하지요.

우리에게는 또 한 가지 중요한 임무가 있는데, 바로 동물의 뛰어난 점이나 자연의 소중함을 사람들에게 알리는 일이에요. 그래서 쉴 새 없이 쏟아지는 질문에 최선을 다해 답변하고 있답니다.

질문은 대부분 수족관에 전시된 동물이나 우연히 잡은 동물이 어떤 종류인지 궁금해하는 내용이 많은데, 전시를 보고 흥미를 갖게 된 동물의 사육 방법을 묻는 경우도 있어요.

특히 어패류 동물은 선물을 받기도 하고 식당에서 발견하거나 바다에 놀러 가서 잡게 되는 등 생활 속에서 다양한 방법으로 만나게 되지요. 여러분은 어패류 동물을 살펴보다가 신비한 매력에 이끌려 자기도 모르게 '키워 보고 싶어!'라고 생각한 적은 없나요?

지금부터 그럴 때 필요한 약간의 지식과 노하우를 동물 척척박사 삼 인방이 알려 줄게요.

> 어느 날 갑자기 찾아온 동물

닭새우

먹지 말고 키워서 자라는 모습을 관찰해 볼까요?

어릴 적에 맛있어 보이는 닭새우가 집으로 배달된 적이 있어요. 나는 팔팔하게 살아 있는 닭새우를 보고 자연스럽게 애완동물로 키우고 싶다는 생각이 들었어요.

닭새우와의 만남이 우연이 아닌 운명처럼 느껴졌어요! 어떻게 하면 이 고급스러운 동물을 키워도 된다는 허락을 받을 수 있을까 고민에 빠졌지요. 하지만 내가 가족을 설득할 말을 찾는 사이, 엄마와 누나는 이미 맛있는 닭새우를 어떻게 요리할지 이야기하기 시작했어요.

초조해진 내 입에서 "나 한 마리 주면 안 돼요?"라는 말이 다급하게 튀어나왔어요. 엄마는 이유를 물어보시면서, "네 명이 세 마리를 먹어야 하는데 그중에 네가 한 마리를 가져가면 부족하지 않겠니?" 하며 냉정하게 거절하셨어요. 나는 솔직하게 이야기하는 수밖에 없다고 생각했어요.

"나 이 닭새우 키워 보고 싶어요……."라고 용기를 내서 말했지요. 역시나 엄마와 누나는 강하게 반대했어요. "바보 아니니?"라는 누나의 말 한 마디로 상황이 끝날 뻔했는데, 그 순간 "재밌을 것 같구나. 이렇게 팔팔한데 한번 키워 볼까?"라며 아빠가 내 편을 들어 주셨어요!

그러자 엄마와 누나도 더는 반대하지 않았고, 나는 닭새우 한 마리를 애완동물로 키울 수 있게 되었어요. 아빠에게 고마운 마음뿐이었어요. 또 이런 상황에서는 솔직하게 의견을 말하고 대화하는 방법이 중요하다는 것도 깨달았지요! 그런데 가장 중요한 것은 강한 내 편을 만드는 일인 것 같아요.

> 꼬리 힘이 세요.

> 잡는 방법

뾰족뾰족해서 엉뚱한 곳을 잡으면 손가락이 아파요. 팔팔하게 살아 있는 닭새우의 움직임을 제압하는 것도 여간 힘든 일이 아니에요. 껍데기의 양쪽을 단단히 눌러서 잡아 보세요.

톱밥과 함께 배송

구하는 방법

보통 닭새우는 톱밥 속에 파묻힌 상태로 만나게 돼요. 요즘에는 유통 방법이 발전해서 이렇게 배달되어도 팔팔하게 살아 있지만, 바닷물에 잠겨 에어레이션되어 있는 상태로 배송되는 경우도 있어요. 키울 목적으로 닭새우를 구한다면 에어레이션되어 있는 것으로 구하는 것이 가장 좋아요!

에어레이션 상태로 배송

이 상태의 닭새우가 더 건강해요!

배달되면서 다리가 부러지는 경우가 많지만 키우는 데는 문제없어요.

키우는 방법

애완동물 전문점을 찾아라!

닭새우를 키워도 좋다고 허락을 받았다면 그 다음은 시간과의 싸움이에요! 우선 어설픈 손 길로 닭새우를 만지려 하지 말고 톱밥에 넣은 상태로 서늘한 장소에 보관하세요. 그리고 곧 바로 애완동물 전문점으로 달려가세요. 준비 해야 할 것은 인공 바닷물과 바닷물용 사육 수 조 세트예요. 이외에 은신처와 바닥에 깔아 줄 자갈도 있으면 좋겠지요. 필요한 도구를 모두 구입한 뒤 서둘러 돌아와 수조에 분량을 맞 추어 인공 바닷물을 채우고 여과기를 작동시 켜요. 여과기가 작동하기 시작하면 물을 얼마 간 방치해 두고, 자갈과 은신처를 넣어 수조를 꾸며 주세요. 그다음에는 닭새우를 넣어 주기 만 하면 돼요!

관찰

입 주변 모습으로 건강 상태를 알 수 있어요

수조로 이동한 닭새우가 활발하게 움직이면 걱정할 것이 없어요. 하지 만 가만히 있으면 입 주변 등을 잘 살펴보면서 움직이는지 주의 깊게 관 찰하세요. 만약 전혀 움직이지 않으면 차라리 바로 꺼내서 요리 재료로 사용하는 것이 나을지도 몰라요. 그냥 허무하게 죽게 놔둘 수는 없잖아 요. 오히려 원래의 목적대로 맛있게 먹는 것이 좋다고 봐요. 입만 뻐끔대 며 간신히 살아 있는 상태라면 밤을 새울 각오를 하고 진득하게 살펴보 세요. 이틀 정도 지난 뒤에 다시 건강해진 것 같으면 먹이를 넣어 보고, 반응이 없는 경우에는 남은 먹이를 바로 건져 내세요. 이 과정을 하루에 몇 번 정도 시도해 보세요. 먹이를 먹기 시작하면 키울 수 있다는 신호 로 이해하면 돼요.

How to keep

돌
은신처가 될 수 있는 큼지막한 돌을 넣어 주세요.

먹이는?
물고기 조각이나 모시조개를 먹어요. 종종 샛줄멸 등 작은 물고기를 통째로 주는 것도 괜찮아요. 뼈째로 주면 껍데기 형성에 필요한 칼슘을 보충할 수 있어요.

주의할 점

다 자라면 상당히 커지기 때문에 성장 단 계에 맞추어 수조를 바꿔 주어야 해요. 도 망치는 경우는 별로 없지만, 높게 튀어 오 를 때가 있어요. 히터 같은 것을 갉아 먹 어서 망가뜨리는 경우도 있으니, 히터 커 버 등을 사용해서 사육 도구를 보호하는 것이 좋겠지요.

닭새우는 숨어 있는 것을 좋아해요. 그래서 이렇게 안쪽에 잘 숨어 있지요.

여과기
외부 걸이형 여과기는 수조 안의 공간을 넓게 사용하는 데 도움이 돼요.

적당한 온도는?
실온이면 좋아요. 여름에는 시원한 장소에 두고 물 온도가 너무 높이 올라가지 않도록 신경 써 주세요. 겨울에는 움직임이 둔해지거나 먹이를 잘 먹지 않기 때문에 사육용 히터와 자동 온도 조절기를 설치하고 물 온도를 20℃ 정도로 맞춰 주세요.

자갈
닭새우가 걷기 편하도록 수조 바닥에 자갈을 깔아 주세요.

닭새우는 배송 상태만 좋으면 금방 활발하게 움직이고, 은신처를 찾아 바로 숨어 버려요. 별로 움직이지도 않고 은신처에 들어가지도 않는 등 건강하지 못한 모습이 계속되면……

빠르게 판단을 내리는 것이 좋겠지요.

다음 페이지에서 맛있는 닭새우 요리법을 공개할게요.

건강하지 않은 닭새우는 맛있게 요리하는 것이 좋아요!

닭새우 요리

동물을 키우려는 시도가 언제나 성공하는 것은 아니에요. 처음부터 식용을 목적으로 유통된 어패류는 사육에 적합한 상태가 아닌 경우도 많기 때문에, 건강하지 않다고 생각되면 죽기 전에 맛있게 먹는 편이 나아요. 무의미한 죽음이 되지 않도록 말이에요!

닭새우 된장 소스 그라탱

닭새우를 반으로 가르고 가볍게 소금과 후추로 밑간을 해 주세요. 그다음에는 화이트 소스를 만들어요. 달걀 노른자와 백미소(일본 된장 중 하나), 유자 후추를 섞어 소스를 만들고 닭새우에 골고루 바른 뒤 오븐에서 구워요. 잘 구워진 닭새우에 마당에서 펜넬(회향)을 조금 꺾어 와 곁들여 주면 완성이에요.

닭새우 마요네즈 볶음

닭새우를 끓는 물에 익힌 다음 껍질을 벗기고, 껍질로 육수를 만들어요. 닭새우와 아스파라거스를 육수, 된장, 마요네즈와 넣으면서 볶아 주세요.

닭새우 풍미의 파스타

주키니호박과 양파, 쌀알 모양의 리소니 파스타를 닭새우 육수에 넣고 10분 정도 끓여 주세요. 리소니에 맛이 잘 배어 들면, 건져서 수분을 제거한 뒤 올리브오일과 파르메산 치즈를 섞어 알맞게 볶아 주세요.

부채새우 레몬크림 파스타

마늘, 아스파라거스, 파프리카, 베이컨, 부채새우를 볶다가 와인을 넣고 알코올을 날려 주세요. 거기에 채소와 고기를 우려낸 육수를 넣고 생크림, 파르메산 치즈, 후추, 바질을 얹은 다음 레몬즙을 뿌려 마무리하세요.

닭새우 키우는 방법을 알고 있으면

매미새우가 배달되어도

부채새우가 배달되어도

잘 키울 수 있지요!

어느 날 갑자기 찾아온 동물

모시조개

먹지 말고 키워 볼까요?

오늘은 친구가 집에 놀러 오기로 했는데 내가 가장 자신 있는 요리인 파스타를 만들어 줄 생각이에요. 설레는 마음으로 장을 보러 갔다가 신선한 모시조개를 발견했어요. 모시조개는 봉골레 파스타로 요리해도 맛있고, 화이트 와인을 넣고 간단하게 익혀도 멋진 요리가 되는 재료예요. 오늘은 모시조개를 사기로 했어요.

모시조개를 요리하려면 우선 조개 속 찌꺼기를 제거하는 해감 작업을 해야 해요. 짠맛이 느껴질 정도로 소금물을 만들어 모시조개를 담가 주세요. 시간이 지나면 모시조개가 물을 뱉어 내고 있는 것을 볼 수 있어요. 그러고 보니 물을 내뱉는 모습을 본 적 없어서 자세히 들여다보았어요.

그저 소금밖에 없는 물에서 건강하게 살아 있는 모시조개를 보니 기분이 이상해졌어요. 혓바닥을 내밀듯 발이 쑥 나와 있고 눈 비슷한 것을 껍데기 밖으로 삐쭉 꺼내 놓아서, 계속 보고 있으니 외계인처럼 느껴지기도 했어요. 하지만 어쨌든 살아 있다는 것은 확실히 알 수 있었어요! 키워 볼 가치가 있는 것은 아닐까요? 하지만 친구가 모시조개로 만든 파스타를 기대하고 있으니 일단 오늘은 먹어야 할 것 같아요. 모시조개는 언제든지 살 수 있으니까, 지금 급하게 마음먹지 않아도 되겠지요?

DATA

몸길이 최대 7cm, 대부분 3~5cm 정도

특징 염분이 낮은 모래나 진흙, 수심 5m 이하의 얕은 장소에 살아요. 봄철 모시조개는 살이 올라서 가장 맛있어요.

시장에서 파는 일반적인 모시조개예요!

살아 있어요!

최대한 깨지지 않은 것을 고르세요.

How to keep

에어레이션
외부 걸이형 여과기는 모래를 빨아들이지 않기 때문에 사용하기 적합해요.

하와이 해변처럼
가는 모래를 바닥에 깔아 주세요.

살아 있어요! ······ 겉모습은 똑같아 보여도 말이에요······

키우는 방법

봄철의 모시조개는 맛도 좋지만······

아무런 준비가 안 된 오늘은 파스타에 넣는 게 좋겠지요? 모시조개를 키우려면 먼저 수조부터 준비하세요. 그리고 인공 바닷물, 바닷물용 수조 세트, 고운 모래도 필요해요. 인공 바닷물을 정해진 분량대로 물과 섞은 다음 수조에 넣고 여과기를 작동시켜 주세요. 바닥에는 깨끗하게 씻은 모래를 모시조개가 파고들 수 있도록 4~6cm 정도의 깊이로 깔아 주세요. 그대로 하룻밤을 내버려 두었다가 다음 날 물이 깨끗해진 것을 확인한 뒤 모시조개를 넣어 주세요.

먹이는?

금붕어 사료 등을 가루 상태로 만들어 물에 녹여 주세요. 해가 지고 어두워지기 전에 수조에 먹이를 넣어 주고, 먹이를 넣은 다음에는 여과기는 멈추고 에어레이션만 작동시켜 주세요. 다음 날 아침 모시조개가 먹이를 다 먹어서 물이 깨끗해져 있는 것을 확인하고 여과기를 다시 작동시켜 주세요. 먹이는 일주일에 한 번 정도면 충분해요. 양은 모시조개가 얼마나 먹는지에 따라 달라지기 때문에 잘 관찰해서 주도록 하세요.

Asari Cooking
먹을 때는 맛있게!

모시조개 요리

시장에서 사 온 모시조개의 상태가 좋지 않을 때는 바로 먹는 것이 좋겠지요.

모시조개와 죽순으로 만든 간단한 파스타

모시조개와 죽순을 화이트 와인에 넣어 익히고, 잘 익은 파스타와 방울토마토를 넣어 빠르게 섞어 준 다음 미나리로 장식해서 완성해 주세요.

모시조개와 완두콩 화이트와인찜

마늘과 생강을 잘게 썰어 버터에 살짝 볶아다가 완두콩과 모시조개를 넣고 화이트와인을 부어 주세요. 어느 정도 잘 쪄졌을 때 버터로 마무리하고, 소금과 후추로 간을 맞춘 뒤 마무리하세요.

> 어느 날 갑자기 찾아온 동물

문어

머리도 좋고 눈도 좋아요!
사람 흉내도 내지요

How to keep

탈출할지도 몰라요!
탈출하지 못하게 밴드나 테이프로 뚜껑을 단단히 고정해 주세요.

집을 마련해 주세요
은신처가 될 수 있는 물건을 넣어 주면 돼요.

단지 여과기

DATA
몸길이 30~60cm
특징 얕은 바닷속 바위틈에 살아요.

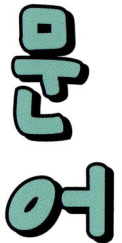변을 지나는 집 앞 산책로는 잉글리시 세터 종인 우리 집 강아지 다마스쿠스가 좋아하는 산책 코스예요. 휴일에는 접이식 의자와 책 한 권을 챙겨 귀여운 다마스쿠스와 느긋하게 시간을 보내고는 해요.

오늘도 해변 산책로를 따라 바닷가에 갔는데 썰물이 심한 듯 보였어요. 다마스쿠스는 바닷가에서 자유롭게 놀게 하고, 나는 한가롭게 소설책을 읽기로 했지요.

저 멀리서 다마스쿠스가 짖는 소리가 들려왔어요. 다마스쿠스는 수영을 좋아하고 늘 얌전한 편인데 맹렬하게 짖고 있어서 이상하다고 생각했어요. 무슨 일이 생겼는지 궁금해지기도 했고요. 가까이 다가가 주변을 살펴보니 바위틈에 빈 커피 캔이 하나 버려져 있었어요. 다마스쿠스는 약간 작은 크기의 캔을 향해 쉬지 않고 짖고 있어요. 평소와 다른 그 모습이 마음에 걸려 캔을 집어 그 안을 들여다보았지요.

앗, 깜짝이야! 캔 속의 작은 눈과 눈이 마주쳤어요! 나를 빤히 바라보고 있는 그 동물은…… 귀여운 새끼 왜문어였어요! 마침 집에 남는 사육용 플라스틱 상자도 있으니 데려가서 키울 수 있겠다고 생각했어요!

강아지 배변 처리용으로 가져온 1.5L 페트병에 바닷물을 담아서 돌아가면 되겠지요? 배변 봉투로 사용하려던 편의점 봉투에 조개껍데기도 주워서 담았어요. 커피 캔에 들은 물을 조금 빼고 손수건으로 입구를 틀어막아 안전하게 집까지 데려갈 수 있도록 했어요. 서둘러 집으로 돌아가야겠어요!

똑똑해요!
문어 앞에서 병뚜껑을 여는 모습을 보여 주면, 그 행동을 흉내 내서 병뚜껑을 열어요!

키우는 방법

영리한 동물이에요

바다 근처에 살지 않는 사람은 인공 바닷물을 사용해도 괜찮아요. 플라스틱 상자에 바닷물(또는 인공 바닷물)을 채워 주세요. 여과 면적이 넓을수록 좋으니 조금 큰 크기의 단지 여과기를 골라 설치하고, 은신처로 돌이나 조개껍데기를 넣어 주세요. 그러고 나서 뚜껑을 꼭 닫아 주세요. 문어는 영리해서 수조의 뚜껑 따위는 간단하게 열어 버려요. 탈출의 명수이기도 하기 때문에, 밴드나 테이프를 사용해서 뚜껑이 열리지 않도록 단단히 고정하세요.

물리면 굉장히 아파요!!

위험한 이빨을 갖고 있어요!

먹이는?
물고기 조각이나 조갯살 등을 매일 주세요. 먹고 남긴 것은 바로 치워 주고요. 다른 동물과 마찬가지로 실온에서 키우면 되는데, 여름에는 물 온도가 뜨거워지지 않도록 주의해서 관리야 해요.

문어는 물면서 공격해요!!
문어의 다리가 붙어 있는 근육(중심부)에는 단단한 조개껍데기도 뚫어 버리는 무시무시한 이빨이 있어요. 작은 문어에게 물려도 굉장히 아프지요. 큰 문어에게 깊게 물리면 크게 다칠 위험이 있으니 더욱 조심하세요.

Octopus Cooking
먹을 때는 맛있게!

문어 요리

은신처에서 빠져나와 다리를 쭉 뻗고 축 늘어져 있거나, 쿡쿡 찔러 보아도 반응이 시원치 않은 상태가 계속되면 맛있게 요리해 먹는 것이 좋아요.

문어밥

문어를 생강, 간장을 넣은 육수에 데쳐 주세요. 깨끗하게 씻은 쌀을 물기를 없앤 뒤, 육수와 데친 문어와 함께 넣고 밥을 지어요. 마무리로 생선회에 곁들이는 푸른 차조기 잎을 뜯어 장식하면 완성이에요.

문어와 가다랑어 튀김

문어와 가다랑어를 간장과 맛술로 밑간하고 밀가루를 입혀 튀겨 주세요.

> 어느 날 갑자기 찾아온 동물

불가사리

예술 작품처럼 예쁜 불가사리는 키우기도 쉬워요

오늘도 우리 집 강아지 다마스쿠스와 해변을 산책했어요. 얼마 전에 집에 데려간 문어는 매우 건강하게 잘 살아 있어요. 수조 뚜껑을 통통 소리가 나게 두드린 다음 먹이를 주었더니 그걸 어찌나 잘 기억하고 있는지, 뚜껑을 노크할 때마다 은신처에서 스르륵 빠져나와 밥을 달라는 듯이 뚜껑을 열려고 하지 뭐예요. 정말 귀여워요.

문어를 만났던 날처럼 오늘도 좋은 만남이 있기를 기대하며 산책 길에 나섰어요. 어떤 동물을 만날 수 있을까 상상하고 있는데, 저 멀리에서 아이들이 무엇인가를 둘러싸고는 들추거나 쟁반처럼 날리거나 하며 놀고 있는 것을 발견했어요.

가까이 다가가 "뭐 하고 있니?"라며 말을 걸자, "별이 떨어져 있어서 하늘로 돌려보내 주려고 던졌어요.", "사람 손이 떨어져 있어서 사건이 터졌다고 생각했어요. 살아 있는지 확인하고 있었어요."라는 등 제멋대로 떠들며 대답했어요.

아이들이 갖고 놀던 것은 불가사리였어요. "아이고, 이건 불가사리라는 바다 생물이야."라며 설명했지만 아이들은 듣는 둥 마는 둥 하더니 이미 알고 있었다며 나를 바보 취급하면서 도망가 버리는 게 아니겠어요? "이 녀석들! 동물을 괴롭히면 못써! 못된 녀석들~! 벌 받는다!" 하고 소리쳤지만 꼬마들이랑 같은 수준으로 화를 내면 안 되겠지요. 나도 모르게 욱해서 참지 못한 점을 반성하면서 불가사리를 바위틈으로 돌려보내 주고 집으로 돌아왔어요.

그날 밤 똑똑하고 문을 두드리는 소리에 이불을 빠져나와 현관문을 열어 보니, 낮에 보았던 불가사리가 찾아와서 "아까 도와주셔서 고마웠습니다. 은혜를 갚기 위해 찾아왔어요. 제가 도울 수 있는 일은 없나요?"라고 하는 거예요. 불가사리에게 도움받을 일은 없다고 대답하며 문을 닫으려는 찰나에 눈이 떠졌어요.

불가사리가 은혜를 갚는 꿈을 꾸다니, 아무래도 문어 수조 옆에 새 수조를 마련하고 불가사리도 데려다 키워야 하나 봐요. 내일은 불가사리를 찾으러 바다에 나가 봐야겠어요.

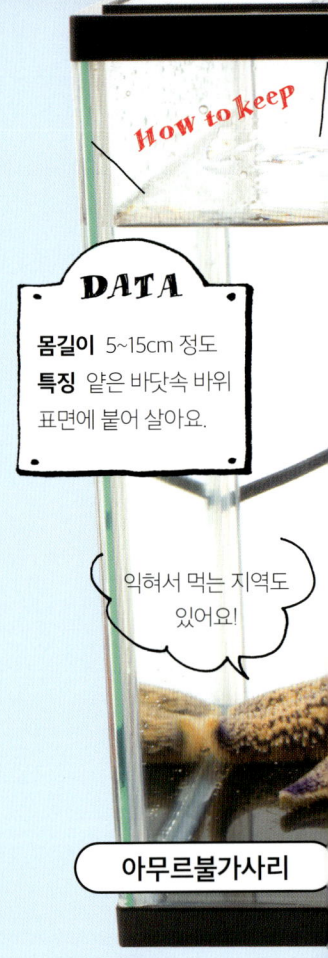

How to keep

DATA
몸길이 5~15cm 정도
특징 얕은 바닷속 바위 표면에 붙어 살아요.

> 익혀서 먹는 지역도 있어요!

아무르불가사리

키우는 방법

너무 간단하다고요……?

불가사리는 물고기와 마찬가지로 자갈을 깔지 않은 수조에 바닷물(또는 인공 바닷물)을 넣고 여과기를 작동시키는 간단한 준비만으로도 키울 수 있어요. 물론 자갈을 깔고 돌로 예쁘게 꾸며 주어도 상관없지만, 불가사리는 자갈보다 반질반질한 수조 벽을 더 좋아해서 벽에 달라붙어 돌아다니는 경우가 많아요.

외부 걸이형 여과기

별불가사리

해변에서 발견한 키우기 쉬운 불가사리

먹이는?

조개나 물고기를 먹어요. 먹이는 매일 주되, 먹다가 남긴 것은 그날 중에 제거해 주세요. 바닥에 자갈이 없는 수조는 먹고 남은 먹이를 깨끗하게 청소하기 쉽다는 장점도 있답니다. 별불가사리는 해초도 먹어요. 때로는 생다시마나 미역을 넣어 주세요.

빨강불가사리

다양한 불가사리

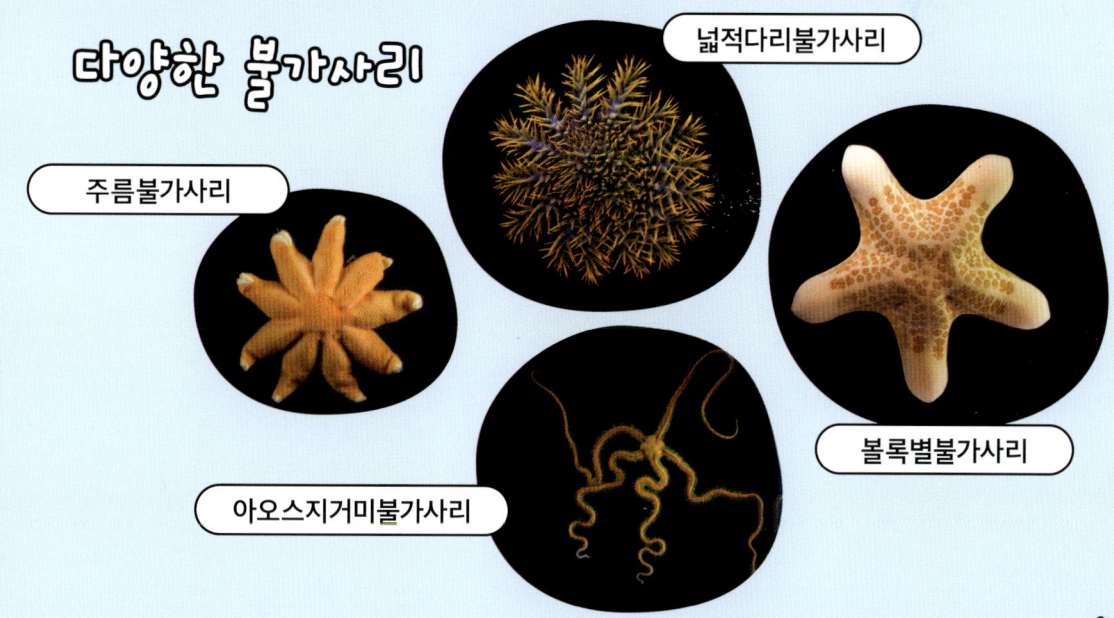

주름불가사리

넓적다리불가사리

볼록별불가사리

아오스지거미불가사리

어느 날 갑자기 찾아온 동물

말미잘

유리컵으로도 키울 수 있어요!

생존 본능이 강한 동물이에요.

DATA
몸길이 2~4cm 정도
특징 조간대* 위쪽에 살아요.

* 조간대: 바다와 육지의 경계 지역으로 밀물 때 잠기고 썰물 때 드러나요.

문 어와 불가사리는 모두 건강하게 잘 지내고 있어요. 오늘도 나는 다마스쿠스와 함께 해변을 산책하러 갔어요. 문어와 불가사리 수조의 물을 새로 갈아 줄 거라서 바닷물을 길어서 돌아갈 생각이에요. 가는 김에 바닷가의 돌도 몇 개 주워서 수조에 넣어 줄 거예요. 평소와 다름없는 해변이지만 오늘은 바닷물을 담으러 왔기 때문에 해수면이 높아지는 시간에 산책을 나왔어요. 방해가 되는 말썽꾸러기들도 집에 돌아가고 없는 시간이지요.

물이 넘실거리는 바위틈 웅덩이에서 바닷물을 담고, 수조에 넣을 만한 돌이 있는지 찾고 있는데, 땅이었던 곳에서 무엇인가 움직이는 것이 보였어요. 궁금한 마음에 손가락으로 찔러 보니 안으로 쏙 들어가 버리는 것이 아니겠어요?

바로 말미잘이었어요! 이 해변에 말미잘이 있었다니 놀랐어요. 자세히 보니 많은 말미잘이 바위 사이의 모래사장에서 넘실넘실 흔들리고 있었고, 집에 가져가려고 집은 돌에도 몇 마리가 붙어 있었어요!

맙소사! 이 말미잘도 집에 데려가 키워도 될까요…….

외부 걸이형 여과기

How to keep

물살이 마음에 들지 않으면 만족스러운 곳을 찾아 이동해요.

먹이를 받아먹어요.

키우는 방법

유리컵으로도 키울 수 있어요!

말미잘은 고온이나 산소 결핍에도 잘 버티는 동물이에요. 여름 한 철만 키운다면, (물론 정기적으로 물갈이를 잘 해 준다는 조건에서) 유리컵처럼 여과가 되지 않는 곳에서도 잘 지내는 동물이에요. 하지만 오랫동안 키우려면 바닷물(또는 인공 바닷물)을 붓고 자갈과 바위를 넣은 수조를 준비하는 것이 좋겠지요. 말미잘은 물의 흐름이나 바위의 위치가 마음에 들지 않으면 스스로 마음에 드는 장소를 찾아가요. 수조에 넣고 나서 매일 머무는 장소를 관찰하는 것도 말미잘을 키우는 재미 중 하나지요. 수조 안은 바다의 밀물이나 썰물처럼 극심한 물 흐름의 변화가 없기 때문에 말미잘이 몸의 점막을 이용해서 수조 벽에 찰싹 붙어 버리면 떼기가 힘들어요. 그럴 때는 바다의 물결 대신 손을 넣어 물을 휘휘 저어서 자연스럽게 떼어 주면 좋아요.

주의할 점

바위에 달라붙어 있는 말미잘을 억지로 떼어 내지 마세요. 말미잘이 갈기갈기 찢어져 버리거든요. 집에 가져갈 수 있을 만한 바위에 달라붙어 있는 경우에만 키우기를 시도하세요.

먹이는?

물고기 조각이나 조갯살을 5mm 정도로 작게 자르고 핀셋으로 집어 촉수 근처에 갖다 대면 받아 먹어요.

돌에 잔뜩 붙어 있어요!

말미잘은 굿 파트너?

히메킨카라말미잘

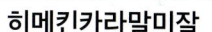

야도카리모래말미잘

카사네말미잘

말미잘의 촉수에 있는 독은 바닷속에서 조금 유명하답니다. 그래서 소라게나 게 중에는 자신을 보호하기 위해서 말미잘을 등에 업고 다니는 종류가 있어요.

어느 날 갑자기 찾아온 동물

해파리

검은 배경에서 더욱 환상적!

DATA
몸길이
우산 지름 10cm 정도

우산을 펄럭이며 헤엄쳐요.

보름달물해파리

먹이는?
'브라인슈림프'라는 작은 동물을 먹어요. 바닷물고기를 취급하는 애완동물 전문점에는 브라인슈림프의 알을 팔고 있어요. 따뜻한 바닷물에서 부화시킨 알을 스포이트를 사용해 해파리의 우산 아래쪽에 떨어뜨려 주면 촉수로 모아서 먹어요.

촉수로 먹이인 브라인슈림프를 모아요.

딸 이 조르는 바람에 수족관에 가게 되었어요. 평소 나는 수족관에 흥미가 없는 척했지만 사실은 몹시 좋아하는 장소랍니다. 수족관에 들어선 순간부터 동물들에게서 눈을 뗄 수 없었어요.

그중 어느 수조에서는 여러 종류의 해파리들이 물속을 떠다니고 있었는데, 가끔 우산을 움직여 둥실둥실 헤엄치기도 했어요. 큰 해파리는 서로 부딪쳐도 신경 쓰지 않는 것처럼 보였어요. 길거리를 걷다가 어깨를 살짝 부딪치기만 해도 으르렁거리는 아저씨들에게 보여 주고 싶은 평화로운 장면이었어요. 자기 다리가 엉켜 고생하고 있는 해파리도 있어서 웃음이 났어요. 딱 달라붙어 팔짱을 끼고 걷는 닭살 커플을 볼 때마다 다리가 꼬여 고생하는 해파리를 떠올리면 좋을 것 같기도 했어요.

수조를 자유롭게 떠다니는 해파리의 모습은 보는 것만으로도 마음이 편안해졌어요. 몇 시간이나 보고 있어도 질리지 않을 것 같았어요. 다른 동물도 보러 가자고 재촉하는 딸의 목소리가 들렸지만 피곤하다고 핑계를 대며 해파리 앞을 떠나지 않았지요. 하지만 해파리와 이별할 시간은 결국 찾아왔어요. 수족관이 문을 닫는다는 알림 방송이 흘러나왔거든요.

어쩔 수 없이 집에 돌아가려는 순간, 집에서 해파리를 키우면 어떨까 하는 생각이 머리를 스쳤어요. 매일 해파리 모습에 위로받으며 편안한 마음으로 지낼 수 있지 않을까요? 해파리를 집에서 키울 수 있는지 알아봐야겠어요!

키우는 방법

약한 동물이에요, 물의 흐름을 만들어 주세요

해파리는 헤엄치는 힘이 약해서 물이 흐르지 않으면 가라앉고 말아요. 펌프를 사용해서 물의 흐름을 만들어 주어야 해요. 하지만 해파리의 우산 안에 공기가 들어가 몸에 닿으면 구멍이 뚫려 버리기 때문에, 해파리에게 공기 방울이 직접 닿지 않는 방식의 여과기를 사용해야 해요. 물을 휘젓는 방식의 여과기나 단지 여과기도 좋지 않아요. 물론 에어레이션도 절대 금지예요. 물 온도는 실온이 좋아요. 물 온도가 너무 올라가지 않는 장소에 수조를 놓아 주세요.

배경을 검은색으로!
수조 벽에 검은 배경을 붙이면 해파리가 더욱 잘 보여요.

촉수에는 독이 있으니 조심하세요.

외부 걸이형으로 공기 방울이 생기지 않는 여과기를 사용하세요.

89

다른 종류의 해파리도 잘 키울 수 있어요!

문어해파리

애완동물 전문점에서도 판매하는 문어해파리나 모자이크해파리는 시기에 따라 차이는 있지만 어렵지 않게 구할 수 있어요. 여름부터 초가을에는 보름달물해파리나 태평양원양해파리 등을 해변에서 직접 찾아보는 것도 재미있겠지요.

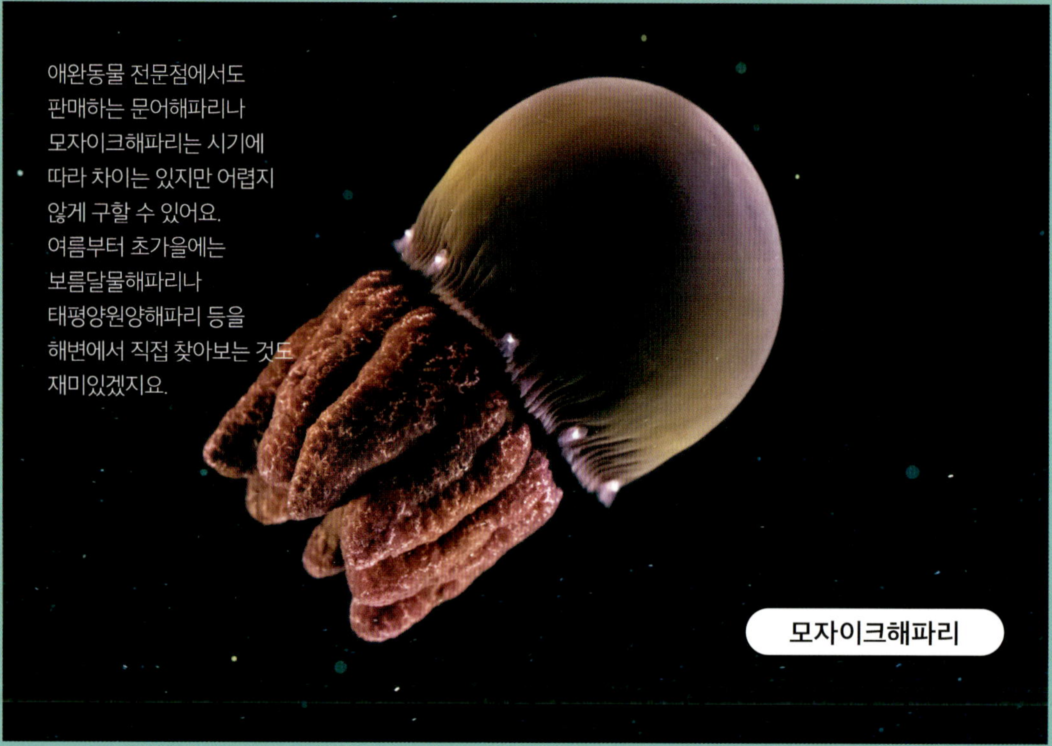

모자이크해파리

투구빗해파리

잡는 방법

반대 방향으로 뒤집힌 상태로
잡으면 괜찮아요!

해파리 촉수에는 독이 있기 때문에 반대로 뒤집은 다음 우산 부분을 잡아야 안전해요.

※촉수가 긴 해파리의 경우에는 이 방법으로 잡으면 안 돼요!!

> 어느 날 갑자기 찾아온 동물

갯민숭달팽이

완전 예술품! 하지만 먹이를 구하기 힘들어요……

해 파리를 보려고 또 수족관에 갔다가 어느 작은 수조에서 갯민숭달팽이를 발견했어요! 정말 매력적이었어요. 몸 색깔이 화려하고, 너울거리는 것이 몸에 주렁주렁 달려 있어요. 그뿐만이 아니에요. 유리벽을 기어가는 모습을 넋 놓고 관찰하고 있었는데, 벽에서 수면까지 그대로 걸어가는 거예요. 정말 질리지 않는 동물이에요!

너무나 매력적이라서 전문 사육사 선생님에게 물어보니 바닷물고기 전문점에서 파는 경우도 있고, 전시된 갯민숭달팽이 중에는 봄부터 여름에 해변에서 쉽게 채집할 수 있는 종류도 많다고 해요. 집에서 화려한 갯민숭달팽이를 감상하는 꿈을 펼칠 수 있을 것 같아요…….

DATA
몸길이 2~10cm 정도
특징 해초나 히드라충류, 해면 등이 자라는 얕은 바닷속 바위 위에 살아요.

> 두 번째 아가미 중앙에 항문이 있어요.

> 더듬이는 냄새를 맡는 기관이에요.

> 어디가 얼굴인지 알아볼 수 있나요?

> 배다리를 이용해 스르륵 미끄러지듯이 움직여요.

여러 종류의 갯민숭달팽이

| 아가씨갯민숭달팽이 | 삼엽갯민숭달팽이 | 우미후쿠로우갯민숭달팽이 |

외부 걸이형 여과기

How to keep

바닷가의 돌을 넣어 주세요
바다에서 주워 온 돌을 넣어 주면 수질이 안정되어서 좋아요.

먹이는?

갯민숭달팽이를 키울 때 가장 어려운 점은 먹이 구하기예요. 종류에 따라 먹이도 다르고, 구하기도 어렵거든요. 해변에서 돌을 주워 와서 수조에 넣어 주면 돌에 붙어 있는 해면이나 히드라충, 이끼벌레 등을 먹어요. 정기적으로 돌을 바꿔 넣어 줄 수 있으면 가장 좋겠지요. 만약 먹이를 못 구해서 쫄쫄 굶은 갯민숭달팽이가 약간 쪼그라들어도 죽지는 않으니 걱정 마세요. 먹이를 주든 주지 않든 사육할 때의 수명은 차이가 별로 없다고 해요.

키우는 방법

너무나 신비로운 생김새!

수조에 인공 바닷물을 넣고 자갈을 얕게 깔아 준 다음, 여과기를 작동시키고 물을 흘려보내 주세요. 갯민숭달팽이를 애완동물 전문점에서 구입한 경우에는 바닷물을 조금 많이 달라고 하고, 미리 준비해 둔 물을 바닷물과 조금씩 섞으면서 넣어 주세요. 해변에서 주워 온 경우는 근처의 돌도 몇 개 주워 와서 수조에 넣어 주면 좋아요. 이 정도만 준비되어도 충분히 키울 수 있어요.

형광갯민숭달팽이 | 노랑납작갯민숭달팽이 | 두드럭갯민숭달팽이

어느 날 갑자기 찾아온 동물

만두게

자세히 보면 귀여워요! 상자같이 생겼지만요

DATA
몸길이 5~8cm
특징 수심 10~70m의 모래바닥에 살아요.

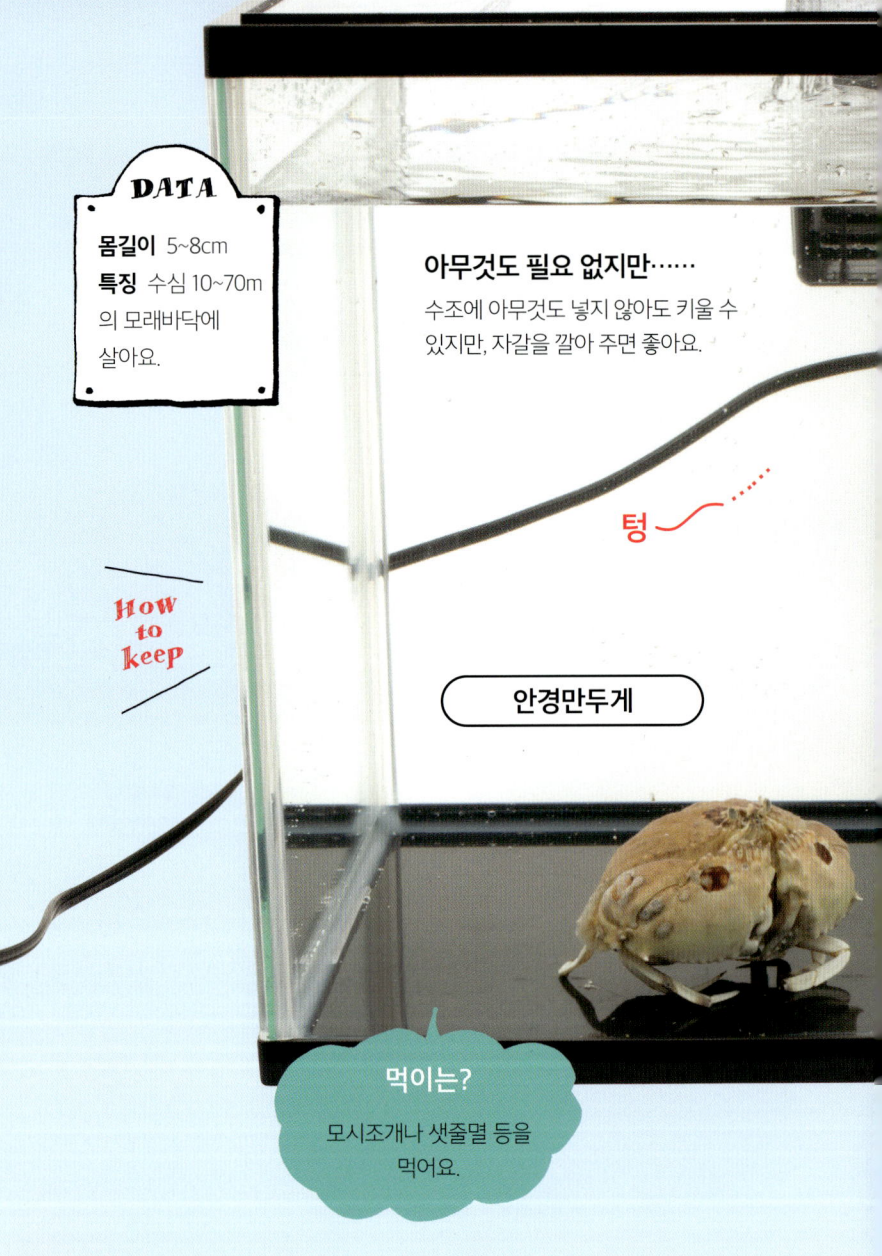

아무것도 필요 없지만……
수조에 아무것도 넣지 않아도 키울 수 있지만, 자갈을 깔아 주면 좋아요.

텅

How to keep

안경만두게

먹이는?
모시조개나 샛줄멸 등을 먹어요.

남자의 로망이라고 할 수 있는 게예요. 키다리게나 깊은 바다에 사는 게를 집에서 키우기란 현실적으로 불가능할 거예요. 그렇다고 해서 물맞이게나 무늬발게를 키우자니 너무 평범해서 싫기도 해요.

그럴 때 발견한 게가 바로 상자처럼 생긴 만두게였어요. 만두게를 처음 만난 것은 2년 전이에요. 위풍당당한 모습에 한눈에 반해 버렸지요.

그 후로 만두게가 있는 수족관을 찾아다녔어요. 최근에 알게 되었는데요, 만두게는 집에서도 키울 수 있다고 하네요!

외부 걸이형 여과기

범무늬만두게

키우는 방법

모래를 깔아 주면 눈만 내놓고 파고들어요!

만두게는 물과 육지에서 모두 살 수 있는 수륙양생 게와는 달리, 완전히 물속에서만 생활하는 게예요. 수심을 깊게 만들고 여과기를 작동시키는 것만으로 충분하지요. 먹고 남은 먹이 등을 제거하기 편하게 자갈은 깔지 않고 키우는 것이 좋지만, 본래 모래 속에 파고드는 게인 만큼 두껍게 모래를 깔아 주고 그 속에 몸을 숨기는 모습을 보는 것도 좋을 것 같아요. 몸 전체가 모래 속에 파묻힐 만큼 모래를 넣어 주면 눈만 쏙 내밀고 있어서 귀여워요.

모래에 파묻혀 있어도 잘 보이는 눈

꺄! 부끄러워라……

집게발로 얼굴을 덮으면 상자처럼 보여요.

얼룩다리사슴게

매끈이송편게

이상한 이름이다!

게 컬렉션

차가운 물에 사는 게는 키우기 어렵겠지만, 만약 키울 기회가 있다면 꼭 키워 보고 싶은 게가 많아요!

장대다리누덕옷게

붉은송편게

어!

긴이마밤게

복서 크랩

얼굴?!

> 어느 날 갑자기 찾아온 동물

클리오네

인터넷으로 쉽게 구할 수 있어요! 키우기도 간단해요!

충격을 받았어요! '바다의 천사' 또는 '유빙의 천사'라고 불리는 클리오네가 아무렇지 않게 팔리고 있다니 말이에요. 보기 힘든 동물이라고 믿으면서 오랫동안 수족관을 찾아 헤맸던 나는 클리오네를 쉽게 구할 수 있다는 사실에 허무해졌어요.

난 클리오네가 참 좋아요. 어느 날 인터넷 검색을 하다가 클리오네를 우연히 발견했는데 아름다운 클리오네 사진에 마음이 끌렸어요. 인터넷의 바다를 헤엄치며 클리오네의 사진을 감상하다가 만족할 만큼 충분히 사진을 봤을 때쯤 '클리오네 사육'이라는 키워드를 검색해 보았어요. 그랬더니 키우는 방법이 나오는 게 아니겠어요? 클리오네를 키우는 사람들이 있다는 사실에 조금 놀랐어요. 하지만 어떻게 구해야 할지, 직접 잡으러 가야 할지 전혀 상상이 되지 않았어요. 그래서 이번에는 '클리오네 판매'를 검색해 보았어요. 그랬더니 놀라운 결과가 나왔어요! 이게 어떻게 된 일일까요? 아주 저렴한 가격에 팔리고 있었어요!

정신을 차렸을 때는 벌써 세 마리나 주문을 하고 난 뒤였어요. 한밤중의 인터넷 검색은 그 무엇보다 위험해요. 하지만 우리 집에 곧 클리오네가 올 거라고 생각하니 기뻐요!

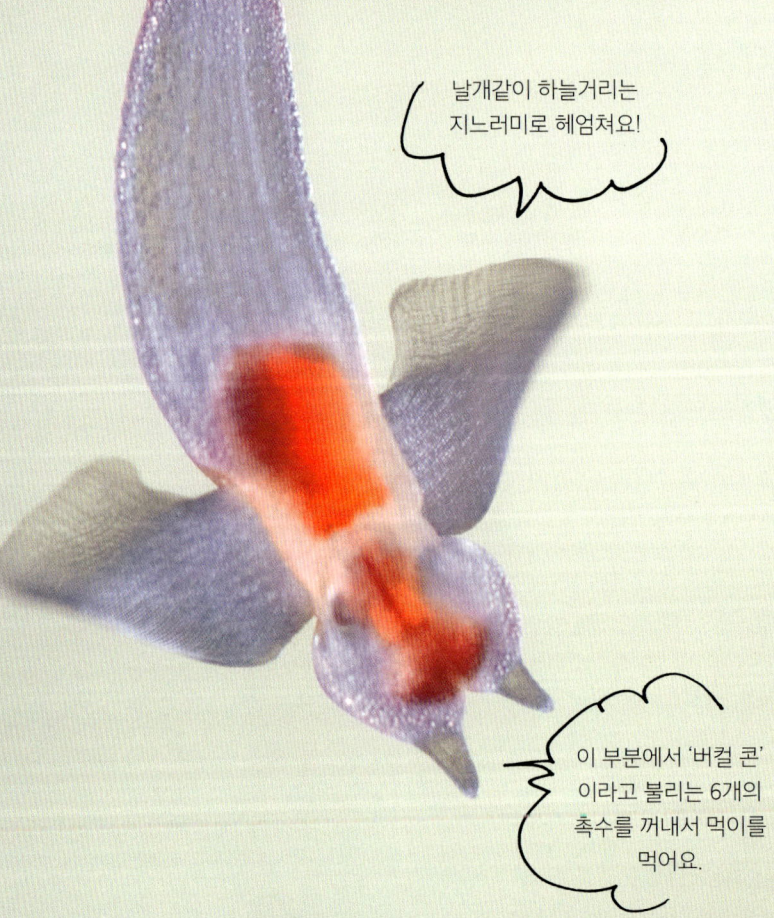

날개같이 하늘거리는 지느러미로 헤엄쳐요!

이 부분에서 '버컬 콘'이라고 불리는 6개의 촉수를 꺼내서 먹이를 먹어요.

DATA
몸길이 1~3cm
특징 차가운 해류가 흐르는 지역의 표층 200m 전후 깊이에서 살아요.

저장해 둔 바닷물도 함께

물갈이용 바닷물도 차갑게 보관해요.

키우는 방법

얼마나 간단한지 몰라요!

키우는 방법은 간단해요. 적당한 병에 옮기고 그대로 냉장고에 넣어 둔 다음, 가끔 감상하기만 하면 돼요. 물 온도는 2℃ 정도가 좋기 때문에 냉장고의 냉장 기능을 강하게 설정하고, 물갈이용 바닷물도 페트병에 담아 함께 냉장고에 보관하세요. 에어레이션 할 필요도 없고, 가끔 기분이 내킬 때 물만 갈아 주세요.

How to keep

관찰하기 좋고 마음에 드는 병에서 키우면 돼요.

먹이는?

해저달팽이라고 불리는 조개를 먹어요. 하지만 클리오네보다 먹이인 해저달팽이가 더 비싸서, 수족관에서도 먹이는 거의 주지 않아요. 먹이를 주지 않아도 죽지 않아요. 몸이 조금 작아질 뿐이에요.

먹이는?

크릴이나 모시조개의 조갯살을 먹는데, 먹고 남은 찌꺼기는 바로 제거해 주세요.

큰등굽은새우붙이

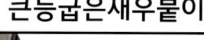

클리오네 키우는 방법을 응용하면 차가운 물에 사는 다른 동물도 키울 수 있어요. 바로 식용으로도 팔리고 있는 '큰등굽은새우붙이'예요. 소라게의 친척뻘인 동물이지요. 클리오네와 비교하면 먹이도 먹고 활발하게 움직여서, 에어레이션도 필요하고 물갈이도 자주 해 주어야 해요. 큰 병을 선택해서 단지 여과기를 넣어도 좋아요.
에어 펌프를 밖에 두면 따뜻한 공기가 병 안으로 들어가기 때문에 에어 펌프도 냉장고 속에 넣는 것이 노하우예요.

애완동물 전문점을 운영하는 전문가는 이렇게 키워요!

친구에게 분양받은 동물

Profile
고토 다카히로

애완동물 전문점을 운영하면서 매일 마을을 순찰하는 활동을 하고 있어요. 애완동물부터 야생 동물까지 무슨 동물이든 믿고 맡길 수 있는 전문가예요.

애완동물 전문점은 마치 아이들의 상담소 같아요. 날마다 어린이 친구들이 찾아와 금붕어 키우는 방법부터 염소와 돼지 키우는 방법, 밖에서 잡은 곤충이나 신기한 유조동물*까지 온갖 동물 키우는 방법에 대해 질문을 쏟아 내거든요.

나는 지금까지 여러 종류의 동물을 키워 보았고 애완동물 전문점까지 책임지고 있는 전문가인 만큼, 어떤 어려운 질문에도 알고 있는 지식과 경험을 바탕으로 적절한 대답을 해 줄 수 있답니다.

야외에서 놀다가 발견한 동물을 놓아 주기 싫을 때, TV에 등장한 신기한 동물에 관심이 생길 때, 친구가 키우던 동물이 낳은 새끼를 나누어 주겠다고 할 때가 있지 않았나요?

어떤 상황에서 어떤 동물을 만나든지 쉽게 포기하지 말고 나와 같은 전문가와 상담하길 바랄게요. 가장 저렴하고 안전하게 동물을 키울 수 있는 방법을 알려 줄 테니까요.

* 유조동물(발톱벌레): 무척추동물 중 하나로 열대 지방의 습지에 살아요. 15cm 정도의 원기둥 모양으로 여러 쌍의 발이 달려 있어요.

친구에게 분양받은 동물

햄스터

마치 살아 있는 인형 같아요!

학교에 갔다 돌아온 딸이 힘이 없어 보여서 걱정이 되었어요. 무슨 일이 있었던 건지 조심스레 물어보니, 친구 집에서 키우는 햄스터가 새끼를 낳았다더라고요. 오늘 새끼 햄스터를 구경하러 친한 친구 넷이서 놀러 갔는데, 새끼 햄스터를 한 마리씩 나눠 주겠다고 했대요.

딸은 동물을 좋아하는 편은 아니지만, 한번 키워 보고 싶은 모양이었어요. 더 심각한 일인 줄 알았는데 다행이었지요. 나는 새끼 햄스터를 받아와서 집에서 키워도 된다고 허락했어요.

하지만 세상에는 쉽게 이해해 줄 부모님만 계시진 않을 거예요. 아마도 사육을 반대하는 부모님이 더 많을 거라고 생각해요. 만일을 위해서 부모님을 설득하는 방법을 함께 생각해 보기로 해요. 우선은 절대 꺼내면 안 될 말을 알려 줄게요.

'소원이에요', '다른 애들도 다 키우는걸요', '혼자 키울 수 있어요', '공부 열심히 할 테니까 허락해 주세요', '이번 시험 잘 보면 키워도 되나요?' 같은 말은 하지 않는 것이 좋아요! 다른 사람 이야기를 하거나, 지키지 못할 약속을 늘어놓는 것은 전혀 도움이 되지 않거든요. 서툰 잔꾀를 부리지 말고 햄스터를 키우고 싶다는 진심을 잘 전달하는 것이 중요해요.

햄스터는 어떤 동물인지, 먹이는

DATA
몸길이 15cm 정도
특징 몸집이 큰 골든햄스터와 작은 정글리안햄스터가 있어요.

엄마를 쏙 빼닮았어요.

귀여운 얼굴!

여기를 화장실로 쓸까?

먹이는?
해바라기 씨 등을 먹이로 줘도 되지만 종합 영양식인 펠릿(고형 사료) 등을 주는 것이 좋아요.

102

무엇을 먹고, 사육하는 데 돈은 얼마나 필요한지, 그리고 내가 수학여행으로 집에 없는 날에는 부모님이 대신 돌봐 주셔야 한다는 이야기 등 온 가족이 책임져야 할 부분에 대해서 미리 이야기를 나눠야 해요. 동물을 키우는 일의 좋은 점과 나쁜 점에 대해 차근차근 설명할 수 있겠지요?

여러분이 진지하게 이야기를 하면 부모님은 귀 기울여 들어주실 거예요!

급수기
물이 잘 나오는지 확인해 주세요!

How to keep

쳇바퀴
쳇바퀴를 돌릴 때 시끄럽지 않은 것을 골라서 넣어 주세요.

은신처

더위는 질색이에요!

추위에도 약하지만, 더위에는 더 약한 동물이에요.

키우는 방법

사육 세트를 사용하면 편리해요!

햄스터는 플라스틱 상자나 유리 수조로도 키울 수 있지만, 처음 키워 보는 경우라면 햄스터용 사육 세트를 사용하는 것이 편리할 거예요. 필요한 도구를 저렴하게 갖출 수 있거든요. 상품 설명서에 따라 조립하고 물그릇과 먹이 그릇, 쳇바퀴, 은신처를 제 위치에 놓아 준 뒤 바닥에 톱밥 등을 깔아 주세요. 처음에는 이 정도의 환경을 갖추면 햄스터를 충분히 키울 수 있지만 햄스터가 자라면 몸집에 맞는 물건들로 바꿔 주어야 할 수도 있어요.

햄스터는 거실에서 키우는 것이 좋아요. 온 가족이 함께 돌볼 수 있을 뿐만 아니라, 겨울에는 따뜻하고 여름에는 시원하게 지낼 수 있는 공간이니까요.

겨울에는 햄스터가 추울 수 있으니 바닥에 깔아서 사용하는 패널 히터를 준비해 주세요. 동물을 키울 때는 계절이나 환경에 맞추어 다양하게 대응해야 한답니다. 그러니 궁금한 점이 생길 때마다 사육 세트를 구입한 애완동물 전문점을 찾아 상담하는 것이 좋아요.

친구에게 분양받은 동물

기니피그

깊이 30cm의 다용도 정리함으로도 키울 수 있어요!

모르모트라고도 불리는 기니피그는 햄스터만큼 왕성하게 번식하는 동물이라서 친구들에게 새끼를 나누어 줘야 하는 상황이 생길 수 있어요. 혹시 모를 상황을 대비해서 모르모트 키우는 방법을 알아 두면 좋지 않을까요?

DATA
몸길이 30cm 정도
특징 원래는 남아메리카 지역에서 키우던 가축이었다고 해요.

상자의 깊이는 30cm!
30cm 정도의 깊이라면 도망칠 수 없어요.

먹이 그릇
뒤집어지지 않도록 무거운 것으로 준비해 주세요.

목초를 넣어 주세요.

우드칩

How to keep

🚩 키우는 방법

정리함으로도 키울 수 있어요!

모르모트는 깊이 30cm의 공간을 빠져나오지 못해요. 그러니 비싼 사육 상자 대신 집에서 쓰지 않는 정리함으로도 키울 수 있지요. 정리함 바닥에 토끼용 화장실에도 쓰이는 우드칩을 깔고, 물그릇과 먹이 그릇을 놓아 주세요. 그 반대편에는 상자의 3분의 1정도 공간에 목초를 깔아 주세요.

뚜껑은 필요 없지만 외출해서 집에 아무도 없거나 밤 시간이 걱정될 때는 정리함 뚜껑에 드릴로 구멍을 여러 개 뚫은 다음 덮어 주세요. 바비큐 그릴 망 등을 뚜껑으로 사용해도 좋아요.

오줌이나 똥은 그 부분의 우드칩을 바로 치우면 쉽게 처리할 수 있어요. 항상 깨끗한 환경을 만들어 주세요.

먹이는?
모르모트에게는 전용 먹이를 주세요. 비타민이 부족하면 몸 상태에 영향을 미쳐요.

기니피그는 기니의 돼지라는 뜻이에요!

우는 소리를 내서 의사소통을 해요. 열 개가 넘는 울음소리를 갖고 있어요.

친구에게 분양받은 동물

데구

이빨이 하얀색이면 병에 걸렸다는 신호?

누런색이면 건강하다는 신호!

최근 일본에서 애완동물로 인기를 끌고 있는 데구는 10여 년 전부터 애완동물로 키워지던 동물이랍니다. 예전에는 겉모습이 평범해서인지 별로 인기가 없었지만, 요즘에는 애완동물 전문점에서 종종 만날 수 있을 만큼 사랑받는 애완동물이지요. 얌전하고 사람을 잘 따르는 성격, 왕성한 번식력 등 키우기 좋은 애완동물이라는 점이 사람들의 마음에 들었나 봐요. 하지만 역시 겉모습은 너무나 평범해요. 가족들도 왜 키우고 싶어 하는지 이해를 못 해 줄 것 같아요.

그래도 데구를 키우고 싶다고 가족을 설득할 생각이라면, 성격이 얼마나 귀여운지를 잘 전달해야 할 것 같아요. 애완동물 전문점을 방문해서 전문가와 함께 작전을 짜 보는 건 어때요? 전문가의 도움을 받아 놀랄 만큼 사람을 잘 따르는 데구를 골라 무작정 집에 데려가는 거예요. 데구가 얼마나 귀엽고 사랑스러운 동물인지 직접 보여 주는 방법도 좋을 것 같아요.

먹이는?
데구 전용 먹이인 목초를 주세요. 만약 구하기 힘들면 기니피그용 먹이를 줘도 괜찮아요.

키우는 방법

**평범하지 않아요!
인기 애완동물이에요!**

데구에게 가장 적합한 것은 키가 큰 친칠라용 사육 상자예요. 일반적인 토끼 사육 상자는 틈이 넓어 빠져나올 가능성이 있고, 햄스터용 사육 상자는 움직임이 많은 데구에게 새나 너무 좁아요. 최소한으로 필요한 도구는 먹이 그릇과 물그릇, 활발하게 움직일 수 있는 공간이에요.

이 정도의 준비물을 갖추었다면 데구를 충분히 키울 수 있어요. 데구가 환경에 적응한 다음에 쳇바퀴나 둥지 등을 추가로 넣어 주면 좋을 것 같아요. 자기 힘으로 입구를 여는 경우가 있으니 고리 등을 걸어 잠가 주세요.
데구 몸에서는 특별한 냄새가 나지 않지만, 오줌이나 똥을 누면 아무래도 고약한 냄새가 나기 때문에 바닥에 신문지를 깔고 매일 새것으로 갈아 주세요.

> 친구에게 분양받은 동물

고슴도치

바늘을 세우지 않으면 평범한 쥐처럼 보여요……

어느 날 애완동물 전문점에서 일하는 친구와 함께 곤충을 잡으러 산에 갔어요. 그런데 친구가 깜빡하고 장화를 두고 와서 왔던 길을 되돌아갔지요. 가까운 산인데 도착하기까지 몇 시간이나 걸렸어요. 산에 도착한 뒤 부랴부랴 장화로 갈아 신고 산속으로 들어가려던 순간, 친구의 비명이 들렸어요!

무슨 일인지 알아보러 친구에게 다가갔더니, "장화 안에 뭐가 있어. 발을 찔렸어!"라고 하는 것이 아니겠어요.

친구 표정을 보니 정말 아파 보였어요. 병원으로 바로 이동해야 하나 잠시 고민했지만 일단 무엇에 찔린 것인지 확인부터 해야겠다는 생각이 들었어요. 친구에게 구급차를 부르라고 이야기하고 나는 장화 속에 있는 것이 무엇인지 확인하기로 했어요.

무섭고도 궁금한 마음으로 장화 안을 들여다보니…… 고슴도치가 있는 것이 아니겠어요? 일단 구급차는 부르지 않기로 하고 발바닥이 부어오르거나 상태가 심각한 것은 아닌지 살펴보기로 했어요. 친구가 일하는 애완동물 전문점에서 혹시나 위험한 동물이 장화 속에 들어 갔을까 봐 걱정했는데 다행이었어요.

그런데 장화 속에 들어 있던 고슴도치, 참 귀엽게 생겼네요. 집에 데려가서 키워도 될까요?

> 자기 몸을 지킬 때는 온몸을 둥글게 말아요!

> 얼굴은 귀엽게 생겼지만 뾰족뾰족한 바늘에 찔리면 아파요!

DATA
몸길이 25cm 정도
특징 구멍을 파고 그 안에서 살아요.

How to keep

먹이는?

고슴도치용 사료나 밀웜을 주면 돼요. 사실 고슴도치용 사료를 파는 가게는 드물어요. 구하지 못했을 때는 강아지용 사료를 대신 줘도 괜찮아요.

패널 히터
겨울에는 보온해 주지 않으면 겨울잠을 자 버려요!

바닥재
먹이로 착각하고 먹을 수 있어요. 고슴도치가 먹어도 안전한 것을 깔아 주세요.

장난치다가 뒤집어 버리기도 해요
뒤집히지 않도록 무거운 물그릇을 넣어 주세요.

키우는 방법

쳇바퀴나 은신처는 없어도 OK

큼직한 플라스틱 상자에 우드칩을 깔고 먹이 그릇과 물그릇을 넣어 주세요. 바닥에 패널 히터를 설치하는 것도 잊지 마세요.
쳇바퀴나 은신처를 넣어 주기도 하지만, 오줌이나 똥을 누면 더러워지니까 굳이 넣지 않아도 괜찮아요. 오줌이나 똥을 누면 냄새가 고약하니 자주 치워서 청결한 환경을 유지해 주세요.

바늘을 세우지 않으면 만져도 아프지 않아요.

뒷모습은 수세미?!

친구에게 분양받은 동물

금붕어

'금붕어 건지기' 놀이의 금붕어를 구해 주세요!

일본의 축제에서 인기 있는 것은 맛있는 군것질과 금붕어 건지기예요. 금붕어 건지기는 어른도 재미있어 해요. 나는 절대 잘하는 편이 아니에요. 운이 좋으면 2~3마리 정도 건지는 정도지요. 금붕어를 건지는 뜰채는 종류가 여러 가지인데, 나는 건지기 쉽게 밀가루 반죽을 씌운 것은 사용하지 않아요. 금붕어 건지기는 얇은 종이 한 장만 아슬아슬하게 씌운 뜰채로 해야 제대로 즐길 수 있거든요. 역시 전통 놀이는 옛날 방식을 따르는 것이 최고라고 생각해요. 그리고 작은 마을 축제의 금붕어 건지기는 별로예요. 누구나 금붕어를 건질 수 있게 뜰채에 종이를 단단하게 붙여서 시시하거든요. 금붕어 건지기를 정말 잘하는 사람을 보면 감탄사가 절로 나와요. 얇디얇은 종이만 걸쳐진 뜰채로 금붕어를 건지는 모습은 보는 사람의 마음을 조마조마하게 하지요. 하지만 난 건지는 것이 재미있을 뿐 금붕어에는 관심이 없어요. 잘 키울 자신이 없어서 옆에서 구경하는 아이에게 선물하고는 해요.

얼마 전에도 금붕어 건지기를 했는데, 옆자리에 앉은 꼬마는 세 번이나 도전했지만 한 마리도 건지지 못하더라고요. 그 모습이 안쓰러웠는지 주인아저씨가 세 마리를 그냥 내주었어요. "학교에서 했을 때는 많이 건졌는데 아쉽다."라며 자리를 뜨는 아이를 따라가 내가 잡은 금붕어 세 마리를 손에 들려 주었어요. "아저씨도 세 번 해서 공짜로 받았어요?"라고 되묻는 꼬마에게 "세 마리 모두 내가 건졌단다."라며 선물하자, "고맙습니다!"라고 큰 소리로 인사해서 마음이 뿌듯했어요.

DATA
몸길이 5~15cm
특징 붕어를 개량한 품종이라는 이야기도 있어요.

먹이는?
일반적인 금붕어 사료를 매일 주는데, 몇 분 안에 다 먹을 수 있는 양만큼만 조절해서 주세요.

How to keep

여과기
물을 깨끗하게 하는 동시에 산소를 공급하는 역할을 해요.

자갈을 넣으면 박테리아가 정착하기 쉬운 환경이 돼요.

먹이가 되기도 해요
수초는 먹이가 되기도 한답니다.

키우는 방법

여러분도 금붕어를 구할 수 있어요!

금붕어 건지기의 금붕어는 약하다고 알려져 있지요. 당연한 일이에요. 아직 어리고 작은 금붕어인데 열악한 환경에서 사람 손에 쫓기니 점막은 벗겨지고 상처투성이가 되기 일쑤지요.

하지만 금붕어 건지기에서 데려온 금붕어를 키우기 전에 미리 연구해 두면 많은 금붕어를 살릴 수 있어요. 금붕어 건지기로 데려온 금붕어를 잘 키우기 위해서는 먼저 양동이에 물을 담고, 석회 성분을 제거해 주는 약품을 넣어 염소 성분을 중화시켜야 해요. 그리고 소금을 한 주먹 넣고 에어레이션을 해 주세요(1).

금붕어가 들어 있는 비닐봉지를 물 위에 띄우고 비닐봉지 안과 밖의 물 온도가 비슷해질 때까지 잠시 기다려요. 소금이 다 녹으면(2), 비닐봉지 입구를 조금 열어 비닐봉지 안의 물과 양동이의 물이 조금씩 섞이도록 조절하면서, 금붕어를 자연스럽게 양동이 안으로 이동시켜 주세요(3). 그리고 그 상태로 하룻밤 내버려 두세요.

이번에는 사육용 수조를 준비할 차례예요. 수조는 일반적인 금붕어 사육 세트가 가장 적당할 거예요. 수조에 필터를 설치한 뒤 자갈을 깔아 주세요. 그다음 물을 넣고 수초를 심어요. 수초는 금붕어의 먹이가 되기도 하고 은신처가 되기도 하니, 처음부터 넣어 주면 금붕어가 안심할 수 있겠지요. 그리고 다음 날, 금붕어를 데려올 때 사용한 비닐봉지에 다시 옮겨 담고 수조의 물 위에 띄워 물 온도를 맞춘 뒤 조금씩 물이 섞이도록 조절하면서 금붕어를 수조 안에 놓아주세요.

먹이를 줄 때 남기지 않도록 양을 조절하면 물갈이는 한 달에 한 번 정도로도 충분해요. 가끔 여과기도 청소해 주세요.

> 친구에게 분양받은 동물

미국가재

누구나 키워 본 적 있는 어린이들의 아이돌

DATA
몸길이 7~10cm
특징 물살이 약한 하천이나 논에 살아요.

아이들이 열광하는 빨간 가재예요. 과연 동물을 키워 본 적이 있을지 의심이 가는 사람도 이 빨간 가재만큼은 도전해 본 적이 있을 거라고 생각해요.

그만큼 아이들에게 친숙한 빨간 가재가 외래종으로 악당취급을 받는 날이 올 줄은 꿈에도 몰랐어요. 나쁜 생각은 손톱만큼도 하지 않고 순수하게 커다란 빨간 가재를 찾으러 논이며 습지를 돌아다니던 어릴 적 추억이 떠올라요.

대부분의 어른들은 지금까지 다양한 동물을 키워 본 경험이 없거나, 키워 봤다고 해도 이제는 동물에 관심이 없는 경우가 많을 거예요. 그러면서 어엿한 어른이 되었다고 스스로 생각하겠지요. 하지만 가끔 애완동물 전문점에 들러서 커다란 빨간 가재를 볼 때면 잊고 있던 동심이 살아나 가재를 사고 싶어지지 않을까요?

그러고 보니 우리 집 아이는 다른 아이들처럼 동물을 키우고 싶다는 얘기를 하지 않는데 괜찮은 걸까요? 오늘 집에 가는 길에 빨간 가재를 사서 아이와 함께 키워 보아도 좋을 것 같아요.

> **먹이는?**
> 일반적인 가재 전용 사료, 물고기 조각이나 금붕어 사료, 감자 등 다양한 것을 먹어요. 먹이는 즉시 모두 먹어 치울 수 있는 양만큼 조절해서 주고, 먹고 남긴 것은 즉시 치워 주세요.

단지 여과기 · 은신처 · How to keep

낙엽을 흩뿌려 주면 아늑한 분위기가 되지요!

How to keep

친구에게 분양받은 동물

물맞이게

키우는 방법

아련한 추억을 떠올리게 하는 물맞이게!

플라스틱 상자 바닥에 자갈을 깔고 단지 여과기를 넣은 다음, 여과기 주변에 둘러싸듯이 돌을 배치해서 은신처와 육지를 만들어 주세요. 커다란 돌 위에 작은 돌을 올리는데, 잘 고정해서 굴러떨어지지 않도록 쌓아야 해요. 낙엽 등을 흩뿌려 주어도 좋은 분위기를 연출할 수 있어요. 물갈이는 자주 해 주고, 물에서 안 좋은 냄새가 나면 여과기와 자갈을 모두 깨끗하게 씻어 주세요. 씻을 때는 수돗물을 사용해도 상관없지만, 수조 안에 넣는 물은 석회 성분을 제거한 물을 사용해야 하는 것을 잊지 마세요.

먹이는?

물맞이게는 잡식성 동물이에요. 금붕어 사료, 생선 조각이나 양배추도 잘 먹어요. 여러 가지 먹이를 먹여 보면서 좋아하는 먹이와 싫어하는 먹이를 알아내는 것도 물맞이게를 키우는 즐거움 중 하나예요.

어린 시절의 추억을 떠올리게 하는 동물

고급스러운 음식점에 맛있는 요리를 먹으러 갔어요. 식탁 위의 다양한 메뉴 중에서 접시 끝에 살짝 걸쳐 있는 물맞이게 튀김 꼬치가 눈에 들어왔어요. 이상한 기분이 들었어요.

집에 돌아가는 길에도 식당에서 본 물맞이게가 머릿속에서 떠나지 않았어요. 그러고 보니 요즘 물맞이게를 본 적이 없더라고요. 맛있는 물맞이게 요리를 먹어서 뿌듯하기도 했어요.

어릴 때는 친구들과 머리를 맞대고 가까운 습지에서 물맞이게를 잡으며 놀고는 했었지요. 그 시절 함께 물맞이게를 잡으러 다녔던 친구들은 지금 뭘 하고 있을까요?

옛날 일이나 고향을 떠올릴 새 없이 열심히 살아왔는데 갑자기 시시한 인생이라는 생각이 들었어요. 내게 고향이 있다는 생각조차 잊고 지냈으니까요. 물맞이게 덕분에 오늘은 부쩍 고향 생각이 나네요. 지금 기차역으로 향하면 고향 가는 기차표를 살 수 있을까요?

파란색 물맞이게도 있어요!

113

친구에게 분양받은 동물

남생이

움직임은 느리지만 영리해요!

내가 처음 키운 동물은 남생이였어요. 집 근처의 연못에서 거북을 발견했는데 잡지 못했다는 이야기를 했더니 아버지가 사 주셨어요. 부엌 쪽에 계속 내버려 두었던 커다란 대야에서 남생이 두 마리를 키웠지요. 대야 속에 누름돌을 넣어 육지도 만들어 주었어요. 현관에서 키웠기 때문에 맑은 날이면 마당에 풀어놓고 일광욕도 시켜 주었지요.

하지만 시간이 지날수록 나는 남생이보다 밖에 나가 노는 것이 더 재미있어져서 점점 소홀해졌고, 남생이를 키우던 물에서 안 좋은 냄새가 난다며 부모님께 몇 번이나 혼이 났어요. 그래도 여전히 돌보기를 게을리 했더니 결국 아버지는 화가 나서 남생이를 하천에 풀어 주고 온다고 겁을 주셨어요.

하지만 잘 돌보겠다는 약속과 달리 나는 계속 남생이를 내팽개친 채로 놀러 다니기 바빴어요. 부모님은 결국 남생이를 자연으로 돌려보내기로 하셨어요. 남생이를 귀여워하던 때를 떠올리며 뒤늦게 후회해 보았자 소용없었지요.

"죽기 전에 풀어 주는 것이 좋아."라는 아버지의 말에 설득당해서 울면서 하천에 놓아주었는데, 그날의 일은 지금도 선명하게 기억하고 있어요. 정말 놓아주고 싶지 않았어요. 가슴이 꽉 조이는 느낌이 들었어요. 남생이를 잘 돌보지 않은 것을 깊이 반성했지요…….

남생이와 헤어지기 전에 등딱지를 깨끗하게 닦아 주고, 당시 유행하던 은색 유성펜으로 배에 우리 집 주소와 내 이름을 썼던 기억이 나요.

DATA

등딱지 길이 20~25cm 정도
특징 연못이나 하천에 사는데, 알고 보면 중국 등에서 이동해 온 외래종인 경우도 있어요.

뒤를 돌아보거나, 물속에서 호흡할 때 도움이 되는 긴 목

잡는 방법

잡을 때는 발톱이 닿지 않는 등딱지 옆 부분을 꽉 눌러서 잡아요.

발톱이 단단해서 긁히면 꽤 아파요!

자외선등도 달았어요.

먹이는?
애완동물 전문점에서 살 수 있는 거북이 전용 사료뿐만 아니라 건조된 새우나 물고기 조각도 먹어요.

유목
기어 올라가기 좋은 것으로 골라 넣어 주세요.

키우는 방법

How to keep

남쪽에 둘 때는 그늘을 만들어 주세요

대야에 물을 붓고 장난감 블록 등을 이용해 거북이에게 육지와 은신처를 만들어 주세요. 아침 해가 닿는 북동쪽에 두어도 좋아요. 해가 잘 드는 남쪽에 둘 경우에 판자 등을 대야 위에 올려서 그늘을 만들어 주세요.

대야가 깊으면 도망치지 못하지만 고양이 등의 다른 동물에게 괴롭힘 당할 수 있으니 밤에는 바비큐 그릴 망 등을 사용해 뚜껑을 덮어 주세요.

물갈이는 미리 길어 놓은 물을 사용하는 방법이 가장 좋지만, 수돗물을 그대로 사용해도 문제는 없어요.

물 온도는 조금 신경 써 주어야 해요. 여과기를 사용해도 금세 물이 더러워지기 때문에 차라리 자주 물갈이를 해 주는 편이 좋아요. 추운 겨울에는 실내로 옮겨서 키우세요. 유목 등으로 걸을 곳을 만들어 주거나, 하루 중 몇 시간 동안 불빛을 비춰서 따뜻하게 해 주세요.

바닥 자갈은 깔든 깔지 않든 상관없지만, 먹이도 적게 먹고 잘 더러워지지도 않는 겨울에는 걷기 좋게 자갈을 깔아 주는 것을 추천해요.

남생이를 북동쪽에 둘 생각이면, 이대로 두어도 괜찮아요.

탈출하지 않도록 신경 써서 보살펴 주세요! 남생이는 느리지만 영리하거든요!

남생이를 남쪽에 둘 생각이면, 판자 등으로 그늘을 만들어 주세요.

> 친구에게 분양받은 동물

사슴벌레·장수풍뎅이

남자의 영원한 로망!

어릴 때 가족끼리 2박 3일 정도 캠핑을 떠난 적이 있어요! 해마다 아버지가 데려가 주던 캠핑장은 산속에 있고 사람도 적고 화장실도 멀어서 조금 무서웠어요. 하지만 나는 그 캠핑장을 좋아했는데, 사슴벌레와 장수풍뎅이를 잡을 수 있기 때문이었지요.

우리 아빠는 벌레 잡기보다 캠핑 요리에 빠져 있어서 요리 담당이 아닌 다른 아빠들이 아이들과 함께 벌레를 잡으러 가 주셨어요.

우리 아빠가 한창 요리를 하던, 해가 막 저물 때쯤에 처음 벌레 잡기를 시도했어요. 하지만 그 시간에는 잘 잡히지 않았어요. 일단 상황만 살펴보고 캠핑장으로 돌아갔지요.

밥을 먹고 난 뒤에는 다 같이 샤워를 하고, 모닥불 주변에 옹기종기 모여 앉아 놀았어요. 자기 전에 한 번 더 데려가 주신다고 해서 잔뜩 기대하면서 말이지요! 밤이 되면 캠핑장 가로등 불빛을 보고 벌레들이 모여들어서 재미있는 구경거리가 많았어요. 손전등 불빛에 사슴벌레가 이끌려 다가왔던 적도 있었으니까요.

가장 즐거웠던 시간은 새벽이었어요. 아직 깜깜할 때 숲에 들어가서 조금 기다리니 어렴풋이 날이 밝아 왔어요. 물론 사슴벌레와 장수풍뎅이를 잡을 수 있어서 좋았지만, 그보다 더 즐거웠던 것은 해가 떠오르는 시간에 밖에서 탐험을 했다는 사실이었어요!

> 큰턱에 물리지 않도록 조심하세요!

DATA
몸길이 5~7cm 정도
특징 마을 근처 산속의 잎이 넓은 활엽수에 살아요.

키우는 방법

흙 속에 알을 낳았을지도 몰라요!

플라스틱 상자에 곤충용 매트를 5cm 정도의 두께로 깔고, 나무 막대기를 배치해 주세요. 사슴벌레 상자에는 축축한 썩은 나무도 넣어 주기로 해요.

다 자란 곤충은 여름이 끝나면 죽고 말지만, 수컷과 암컷을 함께 키운 경우라면 분명히 알을 낳았을 거예요. 플라스틱 상자의 흙과 나무를 버리지 말고 자세히 살펴보세요. 장수풍뎅이는 그 상태에서 플라스틱 상자 가득 흙을 넣어 두면 애벌레를 키울 수 있어요. 사슴벌레의 경우에는 애벌레가 조금 크면 '균사병'이라는 사육용 병에 넣어 주세요.

How to keep

젤리 홀더
젤리 홀더를 사용하면 주변이 더러워지지 않아요.

초파리를 주의하세요
침엽수 조각은 초파리를 쫓아내는 역할을 하기도 해요.

썩은 나무는 알을 낳는 장소가 되기도 해요.

종이
전용 시트를 뚜껑에 끼우면 초파리의 침입을 막을 수 있어요.

뒤집어지는 것을 막기 위해 썩은 나무나 나뭇가지를 넣어 주세요.

장수풍뎅이의 무기는 커다란 뿔이랍니다.

먹이는?

곤충 젤리를 먹이대에 놓아 주세요. 젤리는 항상 준비해 주세요. 달콤한 향에 초파리가 발생하기 쉽기 때문에, 뚜껑 아래에 초파리를 쫓아내기 위한 종이를 끼워 두고요.

친구에게 분양받은 동물

사랑앵무

DATA
몸길이 20cm 정도
특징 호주가 고향이에요.

다양한 색깔의 사랑앵무가 있어요!

이유식 단계가 끝나면 안심!

어렸을 적에 사랑앵무 때문에 고민에 빠진 적이 있었어요. 집에 돌아온 형이 친구네 집에서 키우던 사랑앵무의 알에서 새끼가 깨어났다는 소식을 전해 줬거든요. 형이 "친구가 동물 좋아하지 않느냐면서 갖고 싶으면 주겠다고 하던데 너 키우고 싶어?"라고 물어보았어요. 진심으로 키워 보고 싶었어요! 하지만 아빠가 허락해 주실지 걱정이 되었지요. 그동안 내가 많은 동물을 키워서 부모님도 이젠 질려 하시는 것 같았으니까요. 게다가 그즈음 학교 성적도 나빴고, 위험한 습지에 말도 없이 놀러 가서 혼난 적

먹이는?
요즘에는 다양한 곡식을 섞은 것뿐만 아니라 고체 사료 종류도 있어요.

도 있었어요. 집에서 키우던 동물 돌보기도 게을리 한 데다가, 잠자리를 끈으로 묶어서 날리려던 것을 들키기도 했었고요. 용돈은 모두 뽑기로 날려 버리고, 자전거도 개조하다가 망가뜨리고, 몰래 뱀을 키우다가 들키기까지 한 말썽꾸러기여서 허락을 받을 자신이 없었어요. 형에게 함께 부탁해 달라고 했지만 거절당했어요.

> 키우는 방법

게임처럼 생각하면 안 돼요

만약 여러분이 처음 사랑앵무 키우기에 도전하는 상황이라면……. 최대한 이유식(스포이트로 먹이를 주는 것) 시기를 지난 사랑앵무를 데려오세요. 이유식은 생후 50일 정도까지 필요해요. 하루에 다섯 번 정도 먹여야 하니 학교에 다니는 학생은 불가능하겠지요. 다른 가족이 항상 사랑앵무를 잘 돌봐 줄 수 있다면 괜찮지만, 게임과 비슷한 수준이라는 생각으로 도전하면 큰일이 날 수 있으니 자세히 상담한 뒤 키우도록 하세요.

스스로 먹이를 먹을 수 있는 시기의 사랑앵무를 키운다면, 가장 먼저 준비해야 할 것은 새장이겠지요? 처음에는 작고 저렴한 것으로도 충분해요.

새장이 준비되면 먼저 바닥의 망을 꺼내고 신문지를 깔아 주세요. 사랑앵무가 나무 횃대에 앉아 있는 것에 익숙해지면 설명서를 따라 일반적인 방법으로 세팅하면 돼요. 모이와 물을 넣고, 소금기가 있는 흙과 칼슘도 적당한 곳에 배치해 주세요. 모이와 물은 바닥이 보이지 않게 항상 채워 주는 것이 좋아요. 새장 입구를 열고 탈출하는 경우가 많기 때문에 새장 문을 집게 등으로 고정해 주세요.

사랑앵무 부리가 길어지는 것을 방지하기 위해 오징어 뼈나 나무 토막을 넣어 주세요.

탈출하지 못하게 집게 등을 사용해서 문을 고정해 주세요.

미네랄을 보충해 주는 흙

> 친구에게 분양받은 동물

메추리 알

시장에서 사온 알을 부화시켜 보세요

> 같은 부모가 낳은 알은 모두 같은 무늬일까?

> 팩에 담겨 팔리는 메추리 알

 구가 시장에서 파는 메추리 알 중에 새끼가 태어날 수 있는 유정란이 섞여 있다는 것을 알고 있느냐며, 직접 만든 부화기로 메추리 알을 부화시키는 것이 유행하고 있다면서 같이 키워 보지 않겠냐고 물어봤어요.

처음 듣는 이야기라 반신반의하며 동물을 좋아하는 다른 친구에게 사실인지 확인해 보았어요.

그랬더니 그 친구는 고개를 끄덕이며 "아~ 알고 있어. 메추리 알은 금방 부화해서 새끼가 삐야삐야 울면서 돌아다니는데, 진짜 귀여워. 하지만 직접 부화기를 만들면 중간에 직접 알을 굴려야 하고 습도 관리도 어려워서 부화할 확률이 낮아. 시장에서 파는 메추리알은 한 번 차가워진 상태라서 운이 좋아 유정란이 들어 있다고 해도 제대로 관리할 수 없을 거 같은데? 직접 만들지 말고 우리 집 부화기를 빌려 줄까? 자동으로 알도 굴려 주니까 편할 거야."라고 대답해 주었어요.

좋은 부화기를 흔쾌히 빌려 줄 친구를 찾았어요. 메추리 알 부화시키기가 진짜로 유행하고 있나 봐요.

전용 부화기   가습기

두 마리나 부화했어요!

> **키우는 방법**

17일이면 새끼 메추라기를 만날 수 있어요!

부화기를 조립하고 물탱크에 물을 넣은 다음 전원을 켜 주세요. 그리고 메추리 알을 줄 맞추어 넣으면 돼요.

시장에서 파는 메추리 알은 열 개 중의 한 개가 유정란인 정도라서 모두 부화하지 않는 경우도 있어요. 37℃의 환경에서 부화할 때까지 17일 정도 걸려요. 매일 부지런히 온도와 습도를 확인하고, 가습기의 물이 바닥나지 않도록 관리해 주세요. 나머지는 자동 모드로 설정해 두세요.

스티로폼이나 상자, 전기 화로, 보온 전구를 이용해 직접 부화기를 만든 경우에는 3~5시간에 한 번씩 알을 굴려 줘야 해요. 자주 지나다니는 곳에 두고 지나갈 때마다 알을 굴려 주세요.

새끼 매추라기가 참 귀엽지요……?

금세 벌떡 일어나요.

쑥쑥 자라서
금세 어른
메추라기가 돼요

메추라기 병아리

How to keep

사육용 상자
플라스틱 상자나 다용도 정리함을 사용하세요.

보온 전구
35~40℃ 온도를 유지해야 해요.

키친타월을 깔아 주세요

먹이는?
메추라기의 모이는 항상 떨어지지 않도록 관리해 주세요. 자기가 먹고 싶을 때 다가와서 먹어요.

물그릇
새끼 메추라기가 빠지지 않을 정도 크기의 물그릇으로 준비해 주세요.

평평한 그릇
높이가 낮고 잘 뒤집히지 않는 것을 골라서 모이그릇으로 사용하면 좋아요.

너무 귀여워요!

DATA
몸길이 20cm 정도
특징 사실은 날 수 있어요. 메추라기는 철새거든요.

사람을 잘 따라요.

손에 올라앉은 메추라기를 매만져 줄 수도 있어요!

똥을 청소해 주지 않으면 메추라기 발가락 사이에 끼어요.

키우는 방법

페트병 뚜껑을 물그릇으로

알을 깨고 나온 새끼 메추라기는 날개가 마를 때까지 부화기 안에 두었다가, 다 마른 것을 확인한 후 사육 상자로 옮겨 주세요. 플라스틱 상자나 다용도 정리함에 키친타월을 깔고 보온 전구를 설치한 뒤 모이 그릇과 물그릇을 놓아 주세요. 먹이 그릇은 깊이가 얕은 것을 고르고, 물그릇은 물에 몸이 빠지지 않도록 최대한 작은 걸로 골라 주세요. 물에 빠져 체온이 내려가면 안 되거든요. 페트병의 뚜껑을 물그릇으로 사용하는 것도 괜찮은 방법이에요. 다만 뒤집혀서 물이 쏟아지면 바닥이 젖어 차가워져요. 뚜껑 3개를 본드로 붙여서 사용하면 뒤집히지 않고 잘 쓸 수 있어요. 똥 등의 오물로 사육 상자가 더러워지면 바로 청소해 주세요.

마치며

동물을 키우는 일은 생각처럼 간단하지 않아요. 필요한 지식을 갖추어야 하고, 가족의 이해도 필요하고, 죽음을 경험할 마음의 준비도 단단히 되어 있어야 해요. 이렇게 여러 가지 상황이나 조건을 신중하게 고민해서 결정해야 하지요.

하지만 엄마 아빠가 어렸을 적에도 그랬을까요? 우연히 발견한 동물을 집에 데려가 키우고 이런저런 시행착오를 겪으면서, 요즘 아이들보다 자유롭게 동물과 시간을 보내지 않았을까요?

어쩌면 어른이 될수록 동물과 멀어지는 것이 당연할지도 몰라요. 그리고 우리 주변에서 자연이 점점 줄어드는 탓인지 어린이들도 예전만큼 순수하게 동물을 대하지 않는 것 같아요. 그러다 보니 동물을 키우는 일에도 선뜻 도전하지 않게 되는 것이겠지요.

그래도 모두 한 번쯤은…… 자연 속에서 마주친 동물이나 애완동물 전문점과 수족관에서 만난 동물처럼 갑자기 눈앞에 나타난 특별한 존재를 보며 키우고 싶다는 생각을 해 봤을 거라고 믿어요.

동물을 키우려면 좋은 만남이나 정보 수집, 사육 도구 등 많은 준비가 필요해요. 이렇게 동물을 제대로 키우고 아끼기 위해 최선을 다해 노력하는 일은 마음을 성장시키고, 상황을 판단하는 힘을 길러 주고, 생명의 중요함을 깨우치게 해 주지 않을까요? 나는 그런 일을 응원해 주는 부모님이 더욱 많아지면 좋겠다고 생각해요.

이 책이 그 계기가 되길 바랍니다.

동물 사진작가 **마츠하시 도모미츠**

동물 사육 용품을 살 수 있는 곳

* 거미, 전갈, 곤충류

만천곤충박물관

서울특별시 영등포구 영등포로 180 (2층)
TEL: 02-2675-8724
홈페이지: http://www.dryinsect.co.kr

꿈틀꿈틀 곤충 체험 농장

경기도 고양시 일산동구 장항동 657-90번지
TEL: 031-932-7163
홈페이지: http://www.wiggle2.co.kr

* 물고기, 갑각류

베리크랩

경기도 광명시 노온사동 400-1
TEL: 02-2060-8133
홈페이지: http://www.berrycrab.com

* 파충류, 포유류 등

애니멀 프렌즈

경기도 시흥시 봉화로 143길 26(정왕동 134)
TEL: 070-8879-7881
홈페이지: http://www.animalfriends.co.kr

도바 수족관

일본 미에 현 도바 시에 있는
'도바 수족관'은 세계 최대 규모를
자랑해요.
다양한 물고기는 물론 이색
동물들까지 모두 만날 수 있어요.
이곳에서는 4년에 한 번씩
'물고기 올림픽'이 열린다고 하네요!

(517-8517) 미에 현 도바 시 도바 3-3-6
홈페이지: http://www.aquarium.co.jp/

다양한 동물을 만날 수 있는 도바 수족관에 놀러오세요!

Profile

지은이. 마츠하시 도모미츠

수족관에서 사육사로 일했던 것을 계기로 동물 사진작가가 되었습니다. 물가에 사는 동물이나 수족관과 동물원에 사는 동물, 특이한 애완동물을 촬영하고 있습니다. 지금은 어린이들을 위한 동물 책을 쓰고 있어요. 아이들에게 동물과 직접 만날 기회를 만들어 주고 싶은 마음으로 박물관에서 동물 교실 선생님으로도 활약하고 있어요. 우리나라에는 《동물을 제대로 잡는 방법》으로 처음 소개되었어요.
홈페이지: http://www.matsu8.com

감수. 조신일

서울대공원에서 야생 동물 전문경력관으로 근무하며 자연 학습 프로그램 개발을 하고 있어요. 요즘에는 도심에 반딧불이, 나비, 수서곤충류, 양서파충류를 위한 소생물의 서식 공간을 조성하고 복원하는 데에 관심을 갖고, 서울과 수도권의 습지를 연구하고 있습니다. 지은 책으로는 《잠자리야 날아라》 등이 있으며, EBS에서 방영되고 있는 다양한 자연 다큐멘터리를 오랫동안 감수해 오고 있습니다.

옮긴이. 허영은

홍익대학교대학원에서 미술사학을 전공했어요. 지금은 바른번역 글밥아카데미 일어 출판번역 과정 수료 후 번역가로 활동하고 있습니다. 우리말로 옮긴 책으로는 《동물을 제대로 잡는 방법》《어디에서 왔을까? 맛있는 진화의 비밀》 등이 있습니다.

SONOMICHINO PRONI KIKU IKIMONONO KAIKATA by Toshimitsu Matsuhashi
Copyright © Toshimitsu Matsuhashi 2016
All rights reserved.
Original Japanese edition published by DAIWASHOBO CO., LTD.
Korean translation copyright © 2017 by BomnamuPublishers, an imprint of Hansmedia Inc.
This Korean edition published by arrangement with DAIWASHOBO CO.,LTD., Tokyo, through Honno Kizuna, Inc., Tokyo, and BC Agency.

이 책의 한국어판 저작권은 BC 에이전시를 통한 저작권자와의 독점 계약으로 봄나무(한즈미디어(주))에 있습니다.
저작권법에 의해 한국 내에서 보호를 받는 저작물이므로 무단전재와 복제를 금합니다

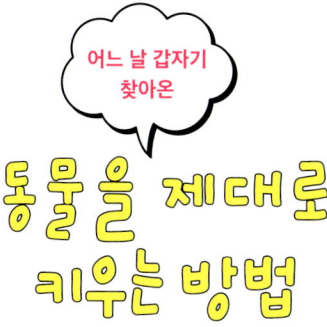

마츠하시 도모미츠 지음 | 조신일 이학박사(서울대공원 전문경력관) 감수 | 허영은 옮김

2017년 7월 12일 초판 발행
2022년 8월 16일 4쇄 발행
펴낸이 _ 김기옥 ● 펴낸곳 _ 봄나무 ● 아동 본부장 _ 박재성
편집 _ 김인애 ● 디자인 _ 나은민 ● 영업 _ 김선주 ● 제작 _ 김형식 ● 지원 _ 고광현, 임민진
등록 _ 제313-2004-50호(2004년 2월 25일) ● 주소 _ 121-839 서울시 마포구 양화로 11길 13(서교동, 강원빌딩 5층)
전화 _ 02-325-6694 ● 팩스 _ 02-707-0198 ● 이메일 _ info@hansmedia.com

도서주문 한즈미디어(주)
주소 _ 121-839 서울시 마포구 양화로 11길 13(서교동, 강원빌딩 5층)
전화 _ 02-707-0337 ● 팩스 _ 02-707-0198

ISBN 979-11-5613-111-3 73490

● 이 책 내용의 일부 또는 전부를 재사용하려면 반드시 저작권자와 봄나무 양측의 동의를 얻어야 합니다.
● 책값은 뒤표지에 나와 있습니다.

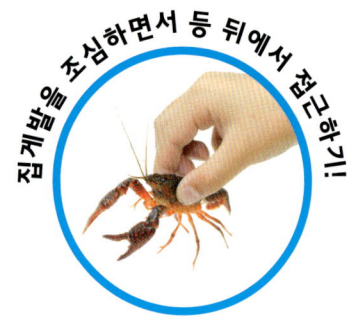
집게발을 조심하면서 등 뒤에서 접근하기!

잽싸게 꼬리 낚아채기!

작은 뿔을 잡아라!

책을 읽으면 읽을수록

동물을 만지고 싶어져요!

동물을 잡을 때에도 올바른 방법이 있답니다!

장수풍뎅이나 메뚜기 같은 우리 주변의 곤충부터
강아지, 토끼, 고양이 같은 포유류는 물론 뱀, 도마뱀 그리고 악어까지,
'동물 제대로 잡는 방법'을 알려 주는 교과서!

마츠하시 도모미츠 지음 | 조신일 이학박사(서울대공원 전문경력관) 감수 | 12,000원